不愉快な現実

中国の大国化、米国の戦略転換

孫崎 享

講談社現代新書

2149

はじめに

日本はいま歴史的岐路に立っている

東アジアで、いま、大変革が起こっている。それも、日本に不利な大変革である。

後世、歴史家は二〇一〇年を東アジアでの大転換の象徴的年と見なすだろう。

二〇一一年一月二〇日付「朝日新聞」は「中国、GDP（国内総生産）世界二位へ　前年比10・3％増で日本抜く」「日本は1968年に西ドイツ（当時）を追い抜いて手にした『世界二位の経済大国』の看板を下ろすことになる」と報じた。

中国がGDPで日本を抜いたという現象は、「世界二位の経済大国」の座をめぐる戦いに終わらない。中国が米国を追い抜く序章でもある。

振り返ってみると、日本は第二次世界大戦以降、米国との関係を重視することで生きてきた。米国との関係を重視しさえすれば、日本の繁栄があると思ってきた。

しかし、「日本が米国に全面的に依存する」という図式には、コインの表裏の関係で、第二次世界大戦以降、米国が東アジア戦略の中で日本を最も重視してきたという事実がある。

しかし、いま中国が台頭してきた。二〇一〇年に中国のＧＤＰは日本を抜いた。当然、米国は東アジアで最も重視する国を日本から中国に移し変える。第二次世界大戦から今日まで続いた日本の環境は一変する。この状況の中で、日本はどう生きるべきか。

日本の環境が一変するのだから、当然、日本国内では、この歴史的大転換を前に、新たな戦略のあり方が真剣に論議されるべきである。

ところがいま、その議論はほとんどない。なぜなのだろう。

政治家を見ても、官僚を見ても、マスコミを見ても、「過去の政策の延長線上ですべてがうまくいく」という幻想に捕らわれている。「日米同盟強化」というスローガンに取り憑かれたように、ただ繰り返している。中国の大国化という歴史的大変化を前に、日本では変化に対応する戦略の用意が全くない。

「現状維持でよい」「日米同盟強化をすればよい」と見なす人々は次のように言う。

「中国には問題がある。中国が大国化することはない」

「米国は、中国に対抗するために、日本を必要としている。だから日本は米国への依存体質を強めれば安心である」

「独裁国家の中国と日本が連携することはあり得ない。我々の課題は独裁国をとるか、民主主義国家米国をとるかだ」

これらの論は勇ましい。しかしいまやこの論は、実態から遊離している。中国は大国化する。米国は日本よりも中国を重視する。それを見極め、日本としてどうするかを考えるのがこの本の目的である。

戦後一貫して日本は、日米協調を国の柱としてきた。我々は「日米関係を強固にする努力を続ければ、日本の繁栄がある」と思ってきた。実はこの構図が正しいかが問われている。構図自体を変える力が働いている。

「日米関係を強固にする努力を続ければ、日本の繁栄がある」状況を作るには、日本だけではできない。当然、相手となる米国も、「日米関係を強固にすることが米国にとって極めて重要だ」という認識が必要となる。いま、ここに変化が出ている。

日本は対米追随で、本当に繁栄してきたのか

日本は一九九一年の湾岸戦争時、米軍を中心とする多国籍軍に一三〇億ドルの資金提供

をした。「お金を出しても評価されない。人的貢献をしなければならない」という声が強くなり（本当は、これは事実ではない。クウェート政府は日本に謝意を表明している。クウェートにある戦勝記念館や記念切手などで日本への感謝を明確に表明している。〝評価していない〟というのは自衛隊を海外派遣させるために、米国等によって人為的に形成された宣伝文句である）、この頃より急速に日米の軍事協力、外交協力が強化された。国民はこうした協力が日本経済の繁栄につながると思ってきた。

本当にそうか。日本は外交・安全保障の分野で極端な対米従属をしてきた。対米従属で、日本経済は本当に潤ってきただろうか。

実は逆である。すべての人が認めるように、一九九一年以降日本経済は、「失われた二〇年」の中にある。米国を含め、いま、日本から学ぶことがあるとすれば、「日本がいかに繁栄したか」ではない。

海外の国々が日本から学べるもの、それは、繁栄後の日本の失敗の無残な経験である。それこそが、いま、欧米諸国が日本から学ぶ対象になっている。日本の「失われた二〇年」を学び、いかにその轍を踏まないかである。

二〇〇九年、「フォーブス・コム」はJohn Tammyの「日本の失われた数十年　アメリカへの教訓、二〇年の後退を避けるために」を掲載した。二〇一一年保守系へリテージ財団はScissorsの「米国の失われた数十年を避ける」を掲載し、日本の経験を繰り返すなと説いている。

「警戒の鐘は二〇〇九年はじめに鳴らされた。米国は、長期的な経済不況を続けるという日本の苦しい経験を避けるために、迅速かつ断固として行動すべきであった」

日本の失敗から学んでいるのは、何も米国のみでない。中国も同様である。

二〇一一年一月二四日付「人民網」日本語版は「金融覇権に打ち勝つには日本の失敗から学ぶ」と題して次の報道を行っている。

「日本の高度経済成長は、各国をうらやまがらせただけでなく、米国をはじめとする西側諸国を不安がらせもした。その結果、金融覇権は、金利を殺傷性武器とし、株式市場と不動産市場のバブルを暗器として、日本に大きな打撃を与えた」

「最初は必死に抵抗した日本であったが、最終的には屈服して、円の切り上げに同意した。こうして、米国などの『プラザ合意』による圧力の下、絶えず円高が進んだのである。円相場の急騰は日本の輸出業の勢いを大きくくじき、日本企業の国際競争力はそがれた」

日本経済は停滞したままである。日本の相対的経済力はどんどん落ちた。いまも、日本は長期停滞から脱却できない。

具体的に見てみよう。

①一九九〇年から二〇〇八年まで、米国の名目ＧＤＰは二倍強になっている。他方日本のＧＤＰは一九九四年以降ほぼ横ばいである。

②対米輸出額を見ると一九九〇年以降、今日まで、ほぼ横並びである。

③世界の銀行トップテンでは一九九〇年には日本の銀行は一位から六位までを独占し、計七行が入っていた。日本が独占していたのである。それが二〇〇九年にはトップテンのうち、やっと九番目に一行入ったのみである（これらについては第2章で詳細に言及）。

日本は過去二〇年、安全保障、外交で米国に従う姿勢を強化した。しかし、この二〇年は「失われた二〇年」と重なっている。この時期、日本経済は決して成長していない。国際的に見れば、日本の地位はどんどん下がっている。多くの日本人が当然のこととして受け入れている定説、「日米関係を強固にする努力を続ければ、日本の繁栄がある」は過去二〇年には全く当てはまらない。事実でないことを、日本人はなぜ二〇年間、魔法にかけられたように、頑なに、信じてきたのだろう。

ただ、この本の主眼は過去を振り返ることではなく、日本の将来を考えることである。

いま、東アジアに根本的な変革が起きている。この本の主目的は「何が起こっているかをまず見極めよう」「そして、それを踏まえ、日本がどう対応すべきかを考えよう」である。

米国にとり、いま、東アジアにおいて最も重要な国は日本ではない

「東アジアにおいて最も重要な国はどこか」。この問いを米国人に行ったらどうなるか。

多くの日本人は、米国人は当然「日本」と答えると思っている。でも違う。いま、米国人にとって、「東アジアにおいて最も重要な国」は中国である。

外務省は一九七五年より、米国で「米国にとり、東アジアにおいて最も重要な国はどこか」の世論調査を行ってきている（外務省、二〇一一年版「米国における対日世論調査」等各年発表より）。

この調査に基づき、筆者が作成したのが、**図表1**、**図表2**である。

この二つの図表で、驚くべき事実が明らかになっている。米国は長年日本を最も重視してきた。それは事実である。しかし、今日米国は、「日本より中国をより重要」と判断するようになっている。

一般米国人を見てみよう。調査を開始した一九七五年から二〇〇九年まで、一般的な米

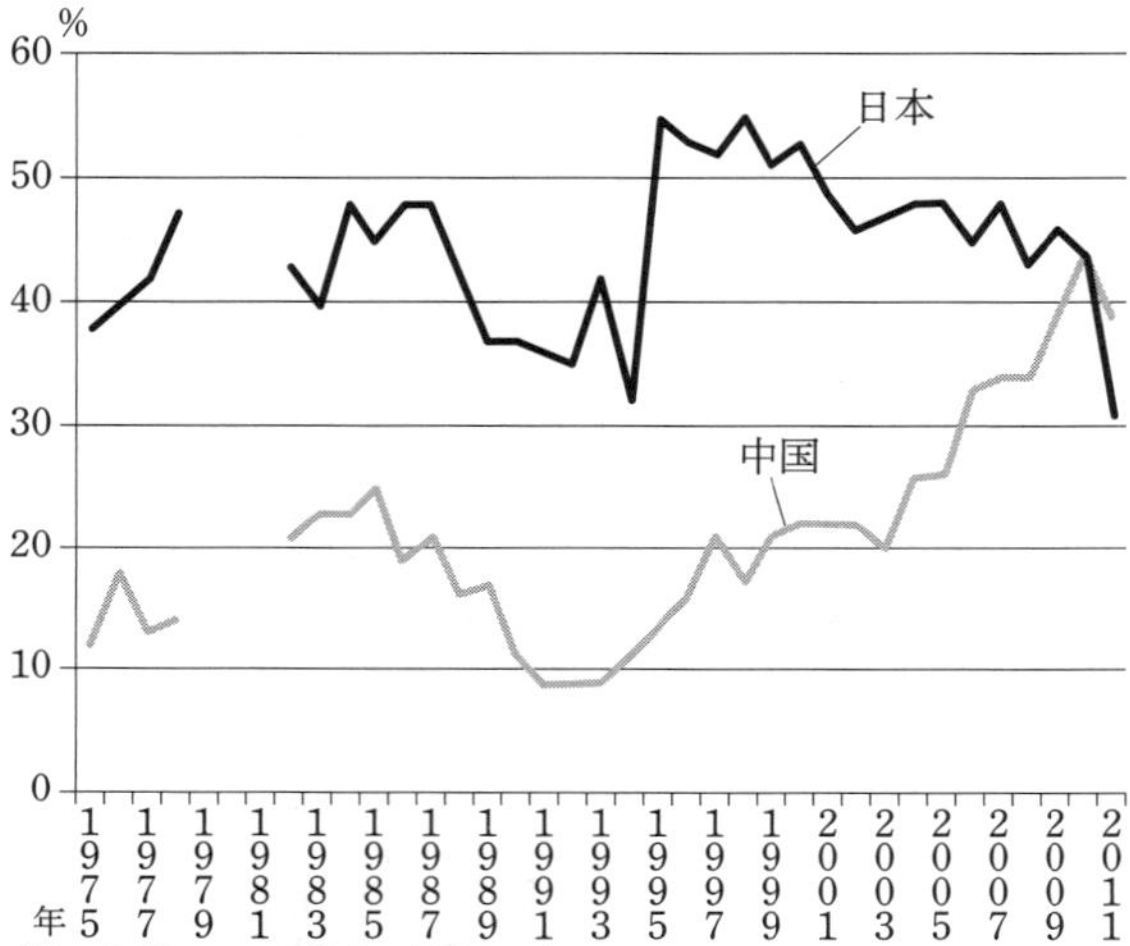

（注：欠落している部分は調査なし）

図表１「米国にとり、東アジアにおいて最も重要な国はどこか」
対象：一般米国人

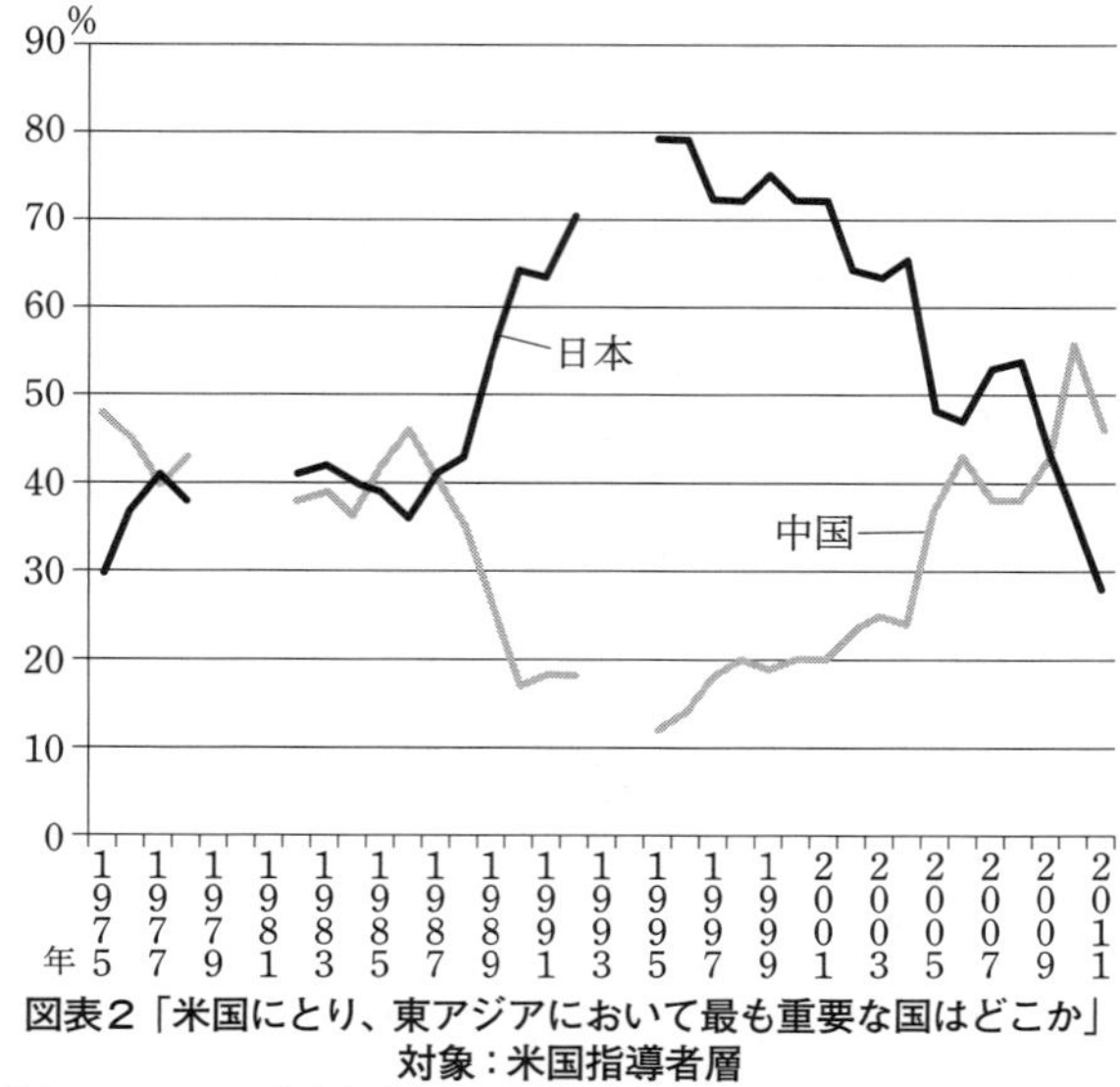

図表２「米国にとり、東アジアにおいて最も重要な国はどこか」
対象：米国指導者層

（図表１、２ともに外務省「米国における対日世論調査」2011年版等各年発表資料より筆者が作成）

国人はほぼ一貫して日本を重視している。しかし二〇一一年に逆転し、米国人は中国を日本より重要と見なすようになった。

米国の指導者層の動向はもう少し複雑である。

一九八〇年代後半は日本経済の全盛時である。米国国内で対日警戒心が極度に強くなった時期である。八七年、米国で包括貿易法が採択された。ここでは、悪名高き「スーパー三〇一条」が入っていた。

スーパー三〇一条と言っても多くの人には馴染みが薄い。特に若い世代は聞いたこともないだろう。スーパー三〇一条の制定は日米関係史の中で「米国は常に日本の発展を歓迎した訳ではない。米国は常に市場を日本に開放しようとしていた訳ではない」ことを理解する上で重要な事件だった。

「スーパー三〇一条」は経済的に日本に報復することを正当化する法律である。この法律は不公正な貿易慣行や輸入障壁があると疑われる国を特定して「優先交渉国」とする。そして米国通商代表部が改善を要求し、三年以内に改善されない場合は報復として関税引き上げを実施するというものである。「報復」という経済には馴染みにくいイデオロギーが入ってきた。その主な標的は日本だった。この時期、米国指導者層は日本を極端に警戒し、対日重視の度合いは対中国を下回った。

しかし、日本が対米従属姿勢を鮮明にした一九九〇年代初期から二〇〇〇年代初期まで一貫して日本重視である。

その後、日本重視が次第に後退し、二〇一〇年、一一年には中国が日本より重要になるに至った。

こうした動きは我々日本人にとり決して気持ちのよい話ではない。しかし、事実である。米国にとって、もはや、日本が東アジアで最も重要な国ではない。最も重要な国は中国である。この傾向は今後強化されていく。我々はこの事実から目をそらすべきではない。

米国世論が日本より中国を重視する方向へと変化したことは深刻な意味合いを持っている。極めて単純な問いを考えてみよう。

「米国は、米国にとって重要度の低い日本のために、重要度の高い中国と軍事的に戦うか」

米国で日本を操ってきた人々、「ジャパン・ハンドラー」と呼ばれる人々は、「米国は日本を見捨てない」と言い続けるだろう。そして、「ジャパン・ハンドラー」に操られてきた日本の政治家、官僚、経済界もそう言い続けるであろう。しかしその事態はもうない。日本の国民のほとんどが、「日米安保条約がある。米国は日本を守ってくれるはずだ」と信じ込んでいる。だが、表向きの言葉と裏腹に、その時代は終わった。

我々日本人は「米国は日本より中国を重要と判断して行動する」という前提に立って、「日本の外交をどうするか」「安全保障をどうするか」を真剣に考えなければならない時代に入った。

二〇一〇年、中国はGDPで日本を抜いた。しかし、これで終わらない。米国ではいま、「中国が超大国として米国を抜くか」が真剣に論じられている。もし、「中国が超大国として米国を抜く」という事態が生じた時、日本はどう生きていくのか。

本書においては将来必ず起こる「中国が超大国として米国を抜く」事態を前提として、日本の生きる道を探ろうとするものである。

目次

第1章　中国が超大国として米国を抜くか

	2011年(%)		2009年(%)	
国名	追い抜く	追い抜けない	追い抜く	追い抜けない
仏	72	28	55	43
英	65	26	49	41
中国	63	17	67	20
独	61	34	51	41
ロシア	45	30	41	36
イスラエル	47	44	34	56
米国	46	45	33	57
日本	37	60	35	59

図表3　中国は超大国として米国を抜くか

('13 of 25-China Will be World's Top Superpower' 'China Seen Overtaking U.S as Global Superpower', Pew Research より筆者が作成)

「中国が超大国として米国を抜く」に根拠はあるか

まず、この章を、一つの世論調査を見ることから始めたい(図表3)。

図表3を見て読者は、「超大国として『抜く』とは何を意味するのか」「いつ抜くのか」を明確にしないと答えようがないと言われるかもしれない。確かにこの問いは「超大国として抜く」が何を意味するのかが明確ではない。それはそれとして、米国の世論調査機関PEWが「中国は超大国として米国を抜くか」の問いを二〇〇九年と一一年に世界各国で実施した。

いくつか気付く点をあげてみたい。

①仏、英、独等の欧州諸国では、二〇〇九年にすでに「中国が米国を追い抜く」と見なしている。英、仏は一一年には「追い抜く」が「追い抜けない」と見なすグループの二

倍以上になっている。

②米国では二〇〇九年の段階で「追い抜けない」と見なすグループが多かったが、一一年になると「追い抜く」の方がわずかに多くなっている。

③日本の動向は全く変化しない。主要国の中で、日本のみが「追い抜けない」が「追い抜く」より圧倒的に多い。かつ二〇〇九年と一一年では何らの変化も見せていない。

「はじめに」でも述べたように、二〇一〇年に中国はGDPで日本を追い抜いた。世界中の人々は中国の経済発展に着目してきた。しかし、中国には地域格差や環境問題や汚職等多くの問題がある。だから、中国は本当に経済発展できるのだろうか、と疑問を持って見ていた。しかし中国のGDPは日本を抜いた。「中国が日本を抜く時代になったのか。それなら中国の経済成長は本物だ」と、世界の多くの人々は中国の経済発展に確信を持った。

筆者は時々講演を行う。その時、「中国は超大国として米国を抜くか」という質問を聴衆にすることにしている。常に「追い抜けない」と見なすグループが六割から七割を占める。PEWの世論調査で日本人が行った回答とほぼ同じである。

「追い抜けない」と見なしている日本が正しいのか

日本の大多数は「中国は米国を追い越せない」と見なしている。もし、日本が間違っているとすると事態は深刻である。我々は世界一になろうとする隣国を過小評価して対応していることになる。危険な状況にある。

筆者は「日本が間違っている」と思う。

この間違いは偶然に起こったことではない。歴史的必然とも言える。

我々日本人には「中国が超大国になる。まして米国の上にいく」という事実を認めたくない。この意識が、いま、無意識のうちに働いている。

日本の国力は一九世紀後半から二〇〇九年までの約一五〇年間、常に中国より上にあった。第二次世界大戦までは日本は軍事的に優位に立っていた。第二次世界大戦以降は経済的に優位に立っていた。日本は常に中国の上という状況は日本人の中に対中優越感を植え付けた。福沢諭吉の「脱亜論」が代表的見解である。原文で示したい。我々の考え方のルーツとして、じっくり味わって欲しい。

「〔筆者注：支韓両国は〕今より數年を出でずして亡國と爲り、其國土は世界文明諸國の分割に歸す可きこと一點の疑あることなし。如何となれば痲疹に等しき文明開化の流行に遭ひながら、支韓兩國は其傳染の天然に背き、無理に之を避けんとして一室內に閉居し、

空氣の流通を絶て窒塞するものなればなり」〈以下、引用文中の〔 〕内は、筆者の注〉

「我國は隣國の開明を待て共に亜細亜を興すの猶豫ある可らず、寧ろ其〔隣国との〕伍〔一緒になる〕を脱して西洋の文明國と進退を共にし、其支那朝鮮に接するの法も隣國なるが故にとて特別の會釋に及ばず、正に西洋人が之に接するの風に従て處分す可きのみ。悪友を親しむ者は共に悪名を免かる可らず。我れは心に於て亜細亜東方の悪友を謝絶するものなり」

今日の日本外交や安全保障の考え方の思想的原点はここに示されている。「其〔隣国との〕伍〔一緒になる〕を脱して西洋の文明國と進退を共にする」「西洋人が之に接するの風に従て處分す可きのみ」である。かつこの方針は約一五〇年間、正解だった。

おそらく一九六〇年代であったろう。南アフリカでまだ人種差別が政策として続いていた時代、ゴルフクラブではアジア人の立ち入りを禁じた。しかし日本人は「準白人」と見なされプレーができた。ＯＥＣＤ（経済協力開発機構）やＩＭＦ（国際通貨基金）に日本のみが入って行った。我々はそれを当然視した。一九七五年から主要国首脳会議（当初はＧ７）が開催され、欧米以外で日本のみが参加した。我々はこれをおかしいと思わなかった。

第二次世界大戦以降、日本外交の要は大国の仲間入りをして、いかに同等に扱われるかであった。「西洋の文明國と進退を共にし」「西洋人が之に接するの風に従て處分す可きのみ」である。同時に「其〔隣国との〕伍〔一緒になる〕」する思想は捨てた。

この思想は日本の中枢を占めるすべての人に共有された。政治家も、官僚も、マスコミも、経済人もすべてが共有した。一五〇年間の重みがある。

しかし、考えてみて欲しい。我々が「其〔隣国との〕伍〔一緒になる〕を脱して西洋の文明國と進退を共に」する方針を決めた前提条件は何だったのか。それは中国の将来が「今より數年を出でずして亡國と爲り、其國土は世界文明諸國の分割に歸す可きこと一點の疑あることなし」という厳しい状況にあったことによる。

脱亜論の基本は「中国、朝鮮に未来はない。だから日本は中国、朝鮮との関係を絶ち、西洋諸国との関係を持っていこう」という方針である。この考えは、日本人の中に、今日まで一貫して生き延びてきた。

だが、「中国に未来がある」となれば、「脱亜論」の前提が崩れる。

しかし、長年「其〔隣国との〕伍〔一緒になる〕を脱して西洋の文明國と進退を共に」する思想に慣れ親しんだ我々日本人には「中国に未来がある」図が見えにくい。

日本国内の中国論を見ると、非常に偏向している。

いまの日本の中国観はどうなっているか。書店ではほとんどが、「嫌中国」の本で占められている。

『絶望の大国、中国の真実』（宮崎正弘・石平）、『日本支配を狙って自滅する中国』（黄文雄）、『断末魔の中国――粉飾決算国家の終末』（柘植久慶）、『強欲社会主義 中国・全球（グローバル）化の功罪』（遊川和郎）、『日本は中国の属国になる』（平松茂雄）、『異形の大国 中国――彼らに心を許してはならない』（櫻井よしこ）……。

人々はこうした本を見て「自分たちが考えてきたことは正しい」と安心する。莫大な数の中国本がある。かつ、これらの本の売れ行きがよい。

然るべき図書館にも備えられている。筆者は時々外務省の図書館を利用しているが、上の本はほとんど、外務省の図書館にある。

多くの人は自分の中国観を持っている。この中国観はどのようにして作られたのであろうか。「中国は駄目な国」か「危険な中国」をテーマにした本は直接的、間接的に我々の中国観に影響を与えてきた。

筆者は二〇〇九年に『日米同盟の正体』（講談社現代新書）を出した。日本が米国の世界戦略にいかに利用されているかを記述した。この本に基づいて話をすると、多くの人は「やっぱりそうか」と言う。皆、何となく「米国に利用されてきて、それが日本の国益を害してきたのではないか」という疑念を感じている。だから「やっぱりそうか」の反応になる。しかし、「中国は超大国になる。米国の東アジア政策は変わる。それに備える必要がある」と指摘すると、ほとんどの人が不満な顔をする。そして、多くの場合、「中国は駄目な国」か「危険な中国」の論を展開する。

残念ながら「中国は超大国として米国を抜くか」の課題に、データを示し、冷静に論ずる本にはほとんどお目にかかれない。

「中国が超大国として米国を抜く」ことが本当に可能か

まずいくつかの数字を見てみたい。

中国政府は自国通貨の価値を実態よりもはるかに低い水準に設定している。したがって中国のＧＤＰは実態よりも低い数字が出る。こうした歪みを是正するため、購買力平価ベースのＧＤＰが利用される。購買力平価ベースは「それぞれの国で商品・サービスをどれだけ購買できるか」という観点で計算する手法である。この購買力平価ベースのＧＤＰを示したのが、**図表４**である。

ＣＩＡの"FACTBOOK"は「中国の為替交換レートは市場ではなく、政府の法令により設定されている。したがって、中国のＧＤＰを見るのに、公的交換レートを使用するのでは正確な数字が出ない。中国の場合、他国との比較でＧＤＰを求める際には購買力平価ベースを使用するのが最も望ましい」と記している。

	米国	中国	日本
GDP（国内総生産、単位兆ドル）	14.7	5.9	5.5
GDP（購買力平価ベース）	14.7	10.1	4.3

図表4　日米中の経済比較図表（2010年）

（CIA"FACTBOOK"より筆者が作成）

図表4を見てみよう。ここでは米国対中国の経済比較が公的交換レートでは、「一四・七対五・九」となる。しかし、実態上は購買力平価ベースの「一四・七対一〇・一」と見た方が正確である。二〇一〇年の時点では米国の経済は中国の二・五倍ではなくて一・五倍と見ればよい。

首相の補佐官を務めた日本で著名な学者が数年前講演で次のように言われた。

「中国のGDPが米国を抜くことはまずありません。分母が違いすぎます」。つまり、出発点となる「いま」の経済格差があまりにも大きいため、追いつくことはほぼ不可能と主張された。しかし、米中の格差が一・五対一ならすぐそばまで接近している。

これを前提に「いつ中国がGDPで米国を追い抜くか」を考えてみよう。様々な米中の経済成長率を設定し、各々のケースに分けて計算すればよい。

IMFは米国・中国・日本の経済成長を二〇一一年は、米国：一・五%、中国：九・五%、日本：マイナス〇・五%、二〇一二年は、米国：一・八%、中国：九・〇%、日本二・三%（二〇一一年九月二〇日付「読売新聞」）と予測している。

ＩＭＦの資料を基礎に、とりあえず米国の経済成長率を二％、中国の経済成長率を八％と想定してみよう。この条件では八年後、つまり二〇二〇年には中国のＧＤＰは米国を追い抜く。これは二〇一一年一月二〇日付の「朝日新聞」が「英国の銀行などは二〇年には中国が米国も抜いて世界首位になる」と報じた結論とほぼ同じになる。

二〇一一年、欧州経済危機が表面化した。まだ完全な解決をみていない。欧州の経済不安は他地域に影響を与える。欧州は中国にとり最大の市場である。したがって、中国の経済成長は鈍化するかもしれない。重要なのは経済成長における米中の格差である。中国が高い成長を示し、米国の成長が鈍化する傾向は消えない。八年後か、一三年後か、いずれにせよ、中国のＧＤＰが米国を抜くのは間違いない。

いくつかの報道を見てみたい。

二〇一一年二月一五日付「朝日新聞」は「日本『世界三位』確定そして」の標題の下、次の記述をしている。

「内閣府の推計では中国は２０２５年に米国を抜いて世界最大の経済大国となる見通しだ。さらに、中国が人民元の切り上げに踏み切れば『２０２０年頃には世界一になるだろう』（内閣府幹部）という」

中国がナンバーワンになる予言をしているものに英国「エコノミスト」誌がある。二〇一一年九月二四日付「エコノミスト」誌は「GDP購買力平価ベースでは中国は二〇一六年に米国を追い抜く」「中国の経済成長が一〇%から八%に、米国が二・五%では二〇二〇年に中国は米国を追い越す」「中国が六%の成長、米国が三%なら中国は二〇二六年に米国を追い越す」と報じている。

別のアプローチを試みたい。中国の人口は一三億、米国の人口は三億、中国は米国の四倍以上の人口を有している。したがって中国の一人当たりGDPが米国の水準の四分の一であれば、国全体としてのGDPは米国を追い抜く。二〇一〇年時点で一人当たりGDPが米国の四分の一の国にはブルガリア、ルーマニア、トルコ、メキシコがある。中国の一人当たりGDPがブルガリア、ルーマニア、トルコ、メキシコ並みになればよい。それは十分に達成可能な水準である。

こうしてみると、経済力で中国が米国を追い抜く可能性は極めて高い。そして、二〇二〇年が一つの岐路となる。

米国国防省の『中国の軍事力 二〇一一年』は次の記述を行っている（以降この文献を『中国の軍事力』として引用する）。

「北京は、長期的に超大国のステータスは短期間の時限では衝突を避けることで達成でき

ると想定している。中国の指導者たちは重大な経済的軍事的目標は二〇二〇年までに達成できると強調している」（訳筆者）

今日の国際政治における軍事力の重要性

この章では、超大国としての中国の位置づけを見てきた。そして、世界は中国のGDPが米国のそれを抜くと予測していることを見てきた。しかし、軍事力の位置づけはまだ、見ていない。

中国の軍事力については、別の章で検討する。ただ、今日、超大国の地位に軍事力がどれくらい必要かを考えてみたい。

レスリー・ゲルブ（米外交問題評議会名誉会長、国防総省国際安全保障担当ディレクター、国務省ヨーロッパ担当国務次官補を歴任）は「フォーリン・アフェアーズ」誌二〇一一年一月号で「地政学の中枢は軍事から経済へ——経済の時代の新安全保障戦略を」を発表した。「フォーリン・アフェアーズ」誌を発行する外交問題評議会は米国で最も権威のある国際関係の研究所である。その元会長が「地政学の中枢は軍事から経済へ」と主張している。彼の主張要旨は以下の通りだ。

●いまや多くの国は外交路線を経済の律動に合わせ、国益を経済の視点から定義し、経済パワーを行使することを重視している。
●多くの諸国は国家安全保障戦略を、経済安全保障を重視したものへと組み替えている。
●経済テーマに即して外交政策を再構成し、脅威に対して創造的な新しい方法で対処していけるようにし、外交の目的を二一世紀の現実に見合うように安全保障概念を再定義すること、これが、ワシントンにとっての大きな課題だろう。

第二次世界大戦後、軍事の比重は大きく減少している。

第一に、核兵器の出現により、超大国間では戦争ができにくい時代になった。お互いに相手の国を核兵器で攻撃できるようになると、相対的な力の差はあまり大きい意味を持たない。

第二に、欧州や東南アジア等地域共同体の発達により、軍事紛争のない地域が増大している。この中、軍事力の持つ意味合いは減少している。

紛争解決学の権威であるオリバー・ラムズボサムの『現代世界の紛争解決学』(明石書店、二〇〇九年)は第二次世界大戦後の「種類別武力紛争数」を示しているが、国家間の紛

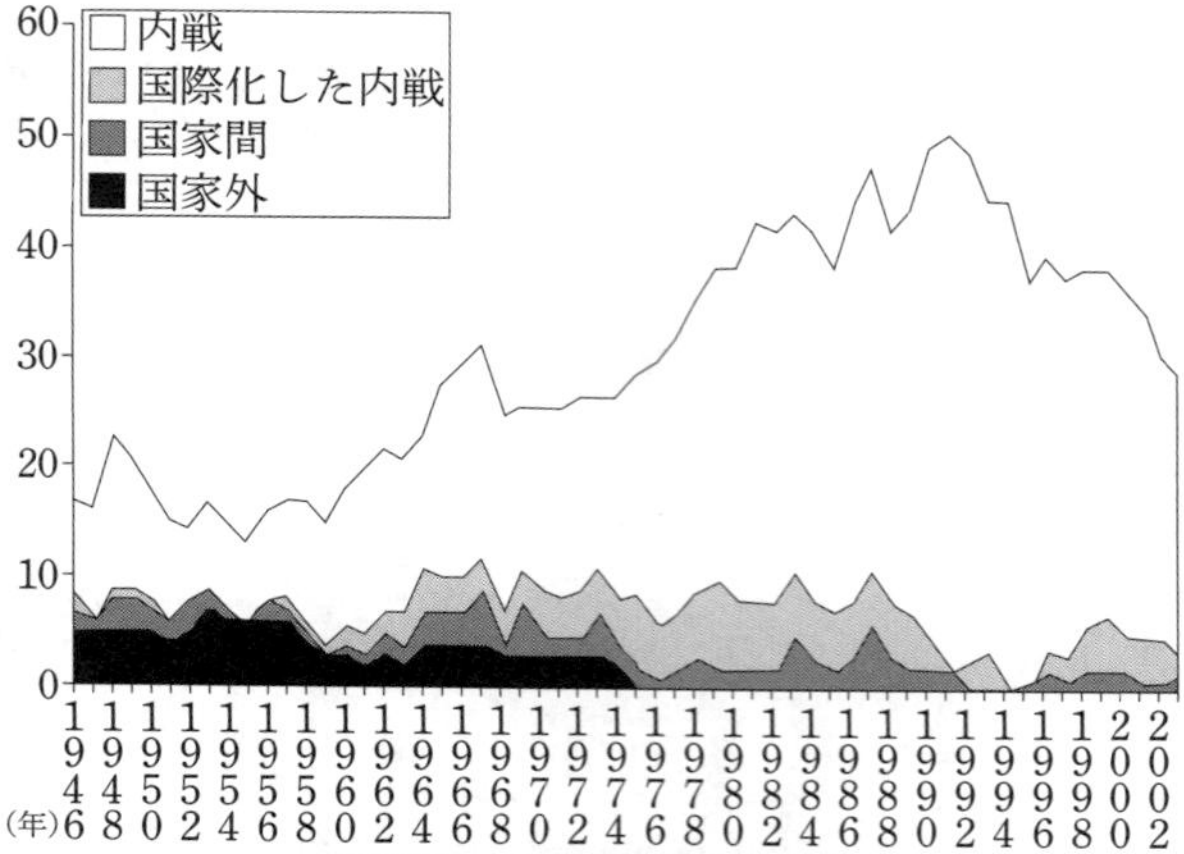

図表5　種類別武力紛争数

（オリバー・ラムズボサム『現代世界の紛争解決学』明石書店、2009年より）

争は著しく少ない。冷戦終了後、国家間紛争はさらに減少している（**図表5**）。

第三に、今日、多くの国にとり、経済・社会問題が国家の経営で最大の問題になってきている。この中、経済力を持つ国の評価が高い。

二〇一一年一〇月、ギリシア、スペイン、イタリアの債務問題が浮上した。世界金融全体に影響を与えるのではないかと懸念された。一一月初旬、フランスのカンヌでG20首脳会議が開催され、一〇月三一日付「USA TODAY」は次の報道をした。

「世界経済を脅かす政府の金融危機と格闘している欧州の指導者に対して、米国は金融支援をする予定はない。代わりに米国高官は『欧州は自助努力を行うに十分な能力を持っている。必要なら中国等に頼ればよい』と述べた」

すでに、欧州諸国が中国を積極的に評価していることは前述した。金融をめぐる動きを見れば、欧州は改めて中国の力を確信しているに違いない。

米国の輸出で見れば、中国が日本より重要

「はじめに」で、「米国にとり、東アジアにおいて最も重要な国はどこか」の世論調査を見た。この世論調査では、米国人はいまや日本ではなくて中国を重視していることが判明した。

次に「輸出面から見た中国の重要性」を見てみたい。

貿易面ではなく、あえて輸出面に限定したのは、各々の国にとって、自国の製品がどの国に輸出できるかは、国の経済を支える要因となる。そのため相手国をどれくらい重要視するかは、貿易全体よりも、輸出だけを見た方がわかりやすいからだ。

図表6はいくつかのことを示している。

第一に一九九五年には米国の対日輸出は対中輸出の約六倍である。第二に二〇〇〇年から対中輸出は急速に拡大する。第三に二〇〇七年頃に、米国の対日輸出は対中輸出とほぼ

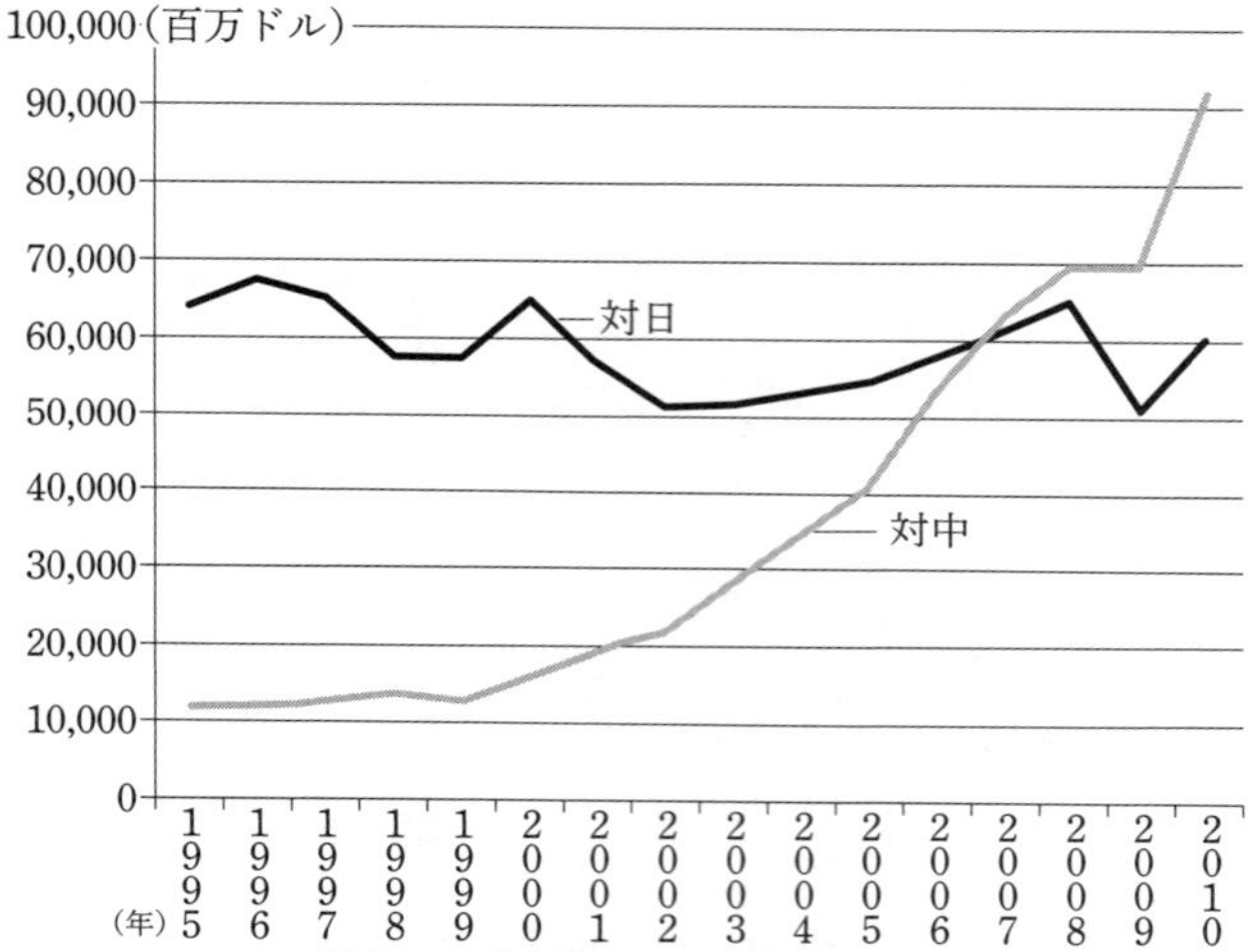

図表６　米国の対日及び対中輸出

（米国census bureauの数字を基に筆者が作成）

同等になる。第四に対日輸出を見ると、一九九五年からほぼ横ばいである。しかも、どちらかというと、わずかながら減少傾向にある。

これを見れば、「米国にとり、東アジアにおいて最も重要な国はどこか」の答えが中国になるのは極めて自然な現象である。

同じく、日本の対米、対中貿易を見てみたい。

図表7を見ると、第一に一九九五年には日本の対米輸出は対中輸出の約六倍である。これは不思議に米国の対日輸出、対中輸出とほぼ同等の比率である。第二に二〇〇〇年頃から対中輸出は急速に拡大する。第三に二〇〇八年

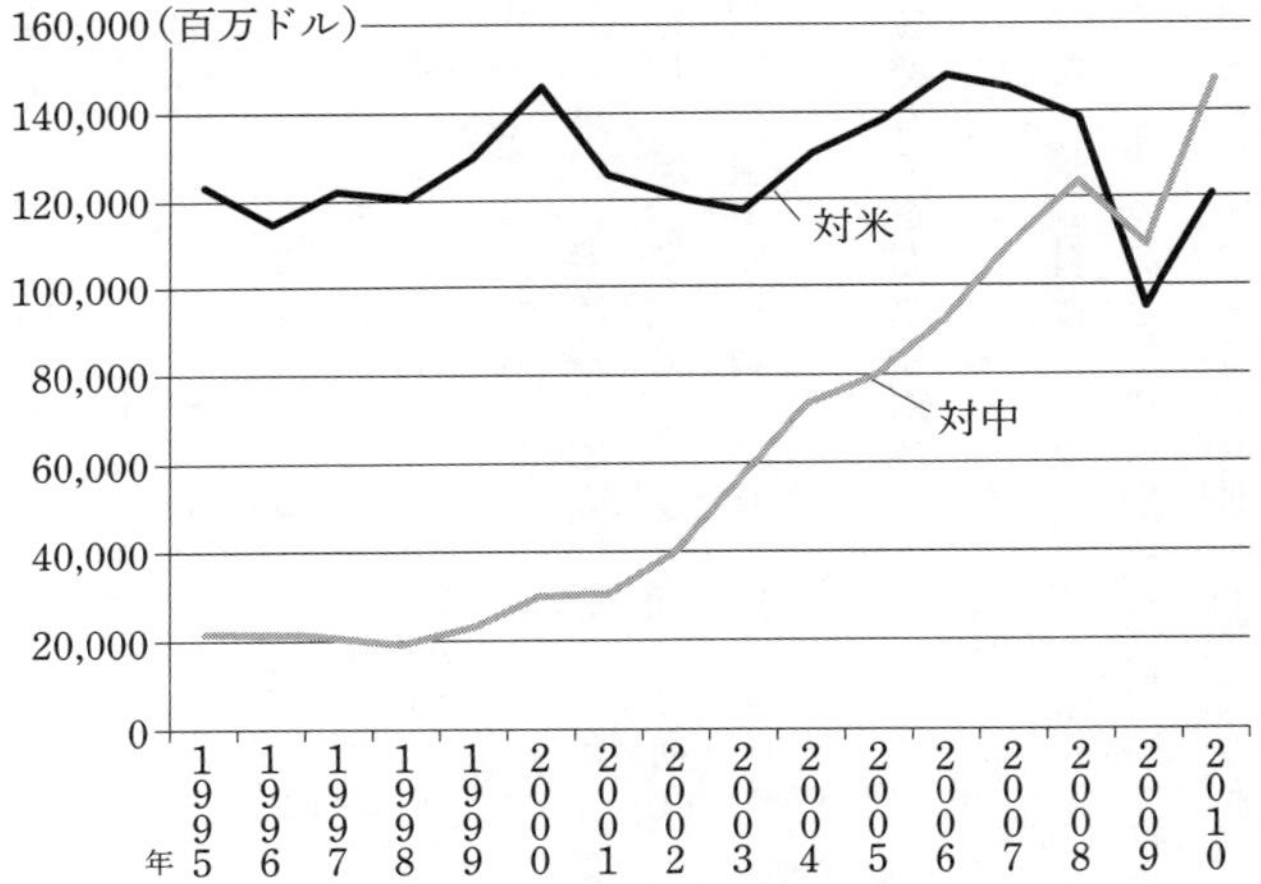

図表７　日本の対米・対中輸出推移

（財務省貿易統計等の数字を基に筆者が作成）

頃に、日本の対中輸出は対米輸出とほぼ同等になる。第四に対米輸出を見ると、一九九五年からほぼ横ばいである。しかも、どちらかというと、わずかながら減少傾向にある。

これを見れば、本来、日本国内に、「日本の経済の将来性は対米貿易にはない。対中貿易にある」という考え方が出てきても不思議はない。

二〇〇〇年代半ばの話である。筆者はある大手商社社長に夕食をご馳走になった。この席で社長は「我が社の将来は中国市場にいかにくい込むかだ。米国市場ではない」と述べるのを聞いて、筆者は大変驚いた。この時期、政界、財界、官界で責任あるポストにいる人で「我々の将来は中国にいかに対処するかである」と述べていた人はほとんどいなかったからだ。

しかし二〇〇〇年代半ばでも、日本の対米輸出は横ばいだったのに対し、対中輸出は急速に伸びていた。この事実をおさえれば、「我が社の将来は中国市場にいかにくい込むかだ」という結論を出すのは、本来は当然だった。しかし、こうした考えは公には出てこなかった。その後、日本企業の個々の方と話すと「中国市場の方が重要だ」という人に時々遭遇する。しかし、日本の経済界全体となると不思議に「中国市場の方が重要だ」という声はあまり出てこない。

ただ、若者は確実に変化をとらえている。筆者は二〇一一年に上智大学で戦略論の講義をしたが、学生に「学ぶ外国語は何か」と聞くと、中国語の人気は第二位という。若者の意識は着実に変わってきている。

金融界で進む米中対話

個別のビジネスの話をしよう。二〇〇八年頃に講談社で海外事業を担当している人に会った。講談社は「グラツィア」「ｖｉｖｉ」など婦人雑誌を中国版で発行している。

「いま、一頁当たりの雑誌の広告料は日本と中国とでは同じなのです。それで何が起こったかわかりますか。中国版は厚さが倍です。つまり、広告量は中国市場では日本市場の倍あるのです。それで一頁当たりの雑誌の広告料を日本より高くすることも検討しています」

婦人雑誌「グラツィア」「ｖｉｖｉ」は日本の女性向けに作られた雑誌である。

それなのに中国市場の方が日本市場より広告料を稼いでいる。

こう書いてくると、「待ってくれ。では中国に進出して成功した日本企業はあるのか。皆、金をとられた。技術をとられた。散々な経験をしてきている。どうして、この中国とビジネスをできるのか」との声が出る。

中国に進出した人で前向き評価をする人はあまりいない。それは十分すぎるほどの経験に裏打ちされたものである。

そんな中で、Ｊ－ＰＯＷＥＲ（電源開発株式会社）の北村雅良社長の言葉が参考になる。これも、たまたま、ある夕食会で聞いた話である。

「私は中国とは三〇年以上つきあってきました。この間中国は大きく変化しました。中国の人々は一貫して『北村さん、一緒に仕事しましょうよ』といってきました。でも、中国が私から《何を得ようとしているか》は変わったのです。最初は、『北村さん、お金持ってきてください』でした。その時代は終わりました。次に『北村さん、技術を持ってきてください』でした。いまは技術の時代もほぼ終わりました。いまは『マネジメントを欲しい』と言っているのです」

中国は急速に変化している。西側の人への接触の仕方も大きく変わっている。「金を持ってきて」という時には金をとることを考える。次に技術が欲しいとなると対応は変わる。さらに「マネジメントが欲しい」となると又、対応が変わる。

私は中国の外交官とは、モスクワの大使館で勤めていた頃から接触がある。家内が一九七九年頃の中国人についてよく言う台詞がある。

「在モスクワ大使館で働いていた中国の婦人は長い間、人民服を着ていた。彼女たちは化粧に無縁で、仕事にだけ真剣に取り組んでいるという顔をしていた。それがある日突然に一人の女性外交官がピンク色で刺繡の花がついたセーターを着てきた。それを皮切りに他の女性も次第に服装を変え、そのうちチャイナドレスの人も出てきた」

筆者が中国人と知り合って四〇年の間に、彼らの発想、対応は大きく変わってきている。過去の経験は貴重である。同時に「過去」を脱皮した中国があることも事実である。

話をビジネスの話題に戻そう。二〇一一年一一月一七日付「ブルームバーグ・ビジネスウィーク」誌のMark Drajem氏の論評で次のような記述をしている。

●米国・中国ビジネス評議会のメンバーである二二〇社のうち三分の二は二〇〇九年の

収入が一〇％以上伸びたとしている。
●八五％の企業は中国で利益を出している。
●三分の二の企業は中国市場でどの市場よりも大きい利益を生み出している。

米国企業は明確に中国市場を活動の拠点と位置づけている。日本企業の多くは中国で煮え湯を飲まされてきた。ただし世界の企業にとり、いまは「中国市場が最も重要な市場である」という事実は存在している。

中国市場がどういう市場であれ、ここで勝利を収められない企業は、もはや世界市場で勝ち残れない。グローバル企業を目指すなら、中国市場で戦うしかない。

日本人はしばしば、「日米は民主主義という共通の価値観を持っている。他方、中国は独裁体制で、米中には共通の価値観がない」と言う。

我々は客観的に見る必要がある。たとえばキッシンジャー。彼は一九七〇年頃から米国外交に最も影響を与えてきた人物である。彼は、日本を金儲けの相手として重宝してきた。しかし、同時に日本人を「戦略的にものを考えられない人たち」と蔑視してきた。同時に彼は誰よりも周恩来ら中国の政治家を評価していた。

二〇〇九年、日米間安全保障協議の場で、一人の米国人学者は次のように述べた。

「クリントン国務長官は中国要人と会話するのを楽しみにしています。世界戦略を共に語れるからです。でも、日本の政治家と話すことはあまり好きではありません。クリントン国務長官が日本の政治家と話をするとします。日本の政治家は何を話しますか。すぐに普天間問題になります。クリントン国務長官にとっては、普天間基地を辺野古に移転するかどうかは、不動産屋のような問題です。知的刺激は何もありません。彼女は日本人と話をすることには積極的ではありません」

今日、金融界で米中の対話は極めて円滑に進んでいる。周小川・中国人民（中央）銀行総裁は日本の金融界の誰よりも米国金融界と意志疎通を図れる。二〇一〇年一二月、米国の雑誌「フォーリン・ポリシー」誌は「世界の一〇〇名の思索家（The FP Top 100 Global Thinkers)」の四番目に周小川をあげている。

中国の幹部の多くの子供が米国に留学している。二〇一〇年には次期国家主席と見られる習近平の娘、習明沢がハーバード大学に入学した。中国では、「太子党（高級幹部の子女)」で、経済分野で活動している人物が多くいる（習近平もその一人だ)。彼らは米国の金融・産業界と密接な関係を構築している。

「日本は米国と同じ民主主義だ。中国は共産主義独裁国だ。だから米国人は中国人より日本人に親近感を感じている」と考えるのは早計だ。米国要人に「あなたは日本要人と中国要人のどちらが自分に近いと思いますか」と問えば、圧倒的に中国人と答える。

中国の輸出で見れば、米国、EU、ASEAN、そして日本

中国の輸出相手国の分析で何が見えてくるか。JETROの資料によると、二〇〇九年の中国の輸出先別金額は、日本が九七九億一一〇〇ドル、日本+韓国で一五一五億九一〇〇万ドルに対し、EUが二六四七億三四〇〇万ドル（うちドイツ四九九億二〇〇〇万ドル、イギリス三一二億七七〇〇万ドル、フランス二一四億六〇〇〇万ドル）、米国二二〇八億一六〇〇万ドル、ASEANが一〇六二億九七〇〇万ドルとなっている。

日本への輸出を一〇とすると、米国は二三、EUは二七、ASEANが一一である。いまや、中国にとって、日本市場はさして大きくない。EUを一つとして見れば、EU市場が最大である。米国市場より大きい。ASEAN全体なら日本市場よりやや大きい。

この状況は、中国の外交姿勢に確実に影響を与えている。

王緝思等編『日米中トライアングル』（岩波書店、二〇一〇年）の王緝思論文「日米中関係とパワーバランスの変化」を見てみよう。王緝思は北京大学国際関係学院院長で、中国共産党、中国外務省の諮問委員会委員を歴任し、党中央学校でも教え、中国で最も有力な国際関係学者の一人である。その王は次のように述べている。

「中国の全体的な戦略図において日本の重要性ははなはだしく縮小した。一九八〇年代、中国が日本経済の拡大を羨んでいた頃は、中国にとって日本がアメリカの次に戦略的、経済的に重要な存在であることを疑う者は中国の政策関係者や専門家の間でほとんどいなかった。しかし近年、EUが中国の最大貿易相手となり、それに伴いヨーロッパの政治的影響力も拡大した。またロシアも勢力回復を背景に中国の戦略的試算においてその存在が大きくなってきており、中国の専門家の間でもロシアを日本より重要視する者が多くなってきている。(中略) インド、ブラジル、南アフリカを含む他の新興国も中国にとって国際的な同等勢力としてその重要性を高めている」

昔は日本が中国にとり、極めて重要な市場であった。いまは日本市場の相対的重要性は大きく減った。中国が対日配慮する分が減じている。中国外務省内での対日関係者の発言力を見てもわかる。かつては駐日大使が外務次官等の枢要な地位についた。その時代は終わった。

ただ、中国の外交が米国やEUやASEAN諸国を重視するのは、日本にとってマイナスだけではない。歴史的経緯からして、中国は日本に対し敵対的要素が入ることは避けられない。ともすると、強硬姿勢を取りがちである。しかし、中国が対日強硬姿勢をとった時に、それが米国やEUやASEAN諸国にどういう影響を与えるかを考慮しなければならない。たとえば中国は尖閣諸島で武力行使をしたとしよう。もしそれが許されれば、中国はいつ南沙諸島を取りに来るかわからない。したがって中国が武力行使をするのにASEAN諸国は反対する。米国やEUやASEAN諸国は、基本的に中国の強硬姿勢を歓迎しない。そのことが、中国の対日姿勢の抑制要因となる。

国防費では米国に追いつく

中国は軍事力を今後どのように増大させていくのか。中国は軍事面でも米国に追いつく可能性が高い。その理由を考えてみたい。

①中国は国家として、軍事力を極めて重視する国である。中国共産党の建設者、毛沢東は「政権は銃口から生まれる」という思想を持っていた。歴史的に中国では軍部の発言力が強い。通常、国家主席が軍の責任者である中央軍事委員会主席を兼ねる。中国共産党中央軍事委員会は、中国人民解放軍を指導する最高軍事指導機関である。したがって予算面では国防費への支出を最大限に優先している。

②米国国防省の二〇一一年『中国の軍事力』は次のように記載している。

●二〇〇〇年からの一〇年では中国は軍事費の伸びを平均一二・一%としている。これは同時期の平均経済成長率一〇・二％よりわずかに大きい。
●米国国防省は二〇一〇年の中国の軍事関連支出を一六〇〇億ドルと見ている。
③中国の国防費増大とは逆に米国は財政債務の増加により、連邦予算の削減が行われる（二〇一一年度の五九六〇億ドルから一二年度四九一〇億ドルへ削減予定）。今後、米国の軍事予算は減少こそすれ、増加する可能性は低い。

こうして見ると、傾向は明白である。中国の国防費は今後大幅に伸びる。他方米国の国防費は縮小傾向にある。この傾向が続けば、中国軍事予算が将来米国の軍事予算額を上回る可能性は高い。

中国の国防技術の進展

中国の軍事予算の規模が米国を上回る可能性が高いとして、軍備の質の面はどうであろうか。

中国の技術は欧米に依存している。中国が経済的に世界の大国になったのは、海外の企業が自ら中国に投資し、技術を売却したことにある。では軍事技術はどうであろうか。

①まず、中国は主要な兵器をロシアより購入している。したがって中国はロシアの軍事技術の水準には簡単に追いつく。ロシアは中国への軍事技術の流出に厳しくない。

NTP（国際的安全保障環境の改善を追求するグループ。ナン元上院議員が議長）は「中国のロシアからのミサイルの輸入と支援」と題する論評の中で、「ロシアが中国に対し、ミサイル、核兵器、ミサイル防衛システムの部品、材料、技術の移転を行っている。また、西欧、米国軍事企業がロシアで、ロシア企業と合弁事業を行っている。この技術が中国に売却されている」と指摘している。

②欧州からは軍事に転用できる技術が中国に売却されている。

③イスラエルからの軍事技術の輸出がある。NTPは「中国のイスラエルからのミサイルの輸入と支援」の中で、「中国が地対空ミサイル技術をイスラエルより輸入したのではないか」と記述している。

④米国も軍事に転用できる技術を中国に売却している。

典型的なのはGEの航空機電子技術の中国への売却である。二〇一一年一月二〇日付「ニューヨーク・タイムズ」紙は「中国の勃興を受け入れる」という記事を掲載した。

●イメルトGE社長は「バブル崩壊の二〇〇七年まで米国消費者は世界経済の推進者であった」「しかし今後の二五年間、米国の消費者はもはや世界の発展のエンジンではない。中流階級に参入するアジアの人々がエンジンとなる。これがゲームだ」「中国は最大の経済となる。問題はこの事態が何時起こるかだけである」と述べている。

●今後ゲームは中国で展開される。GEは今週中国の国営企業と合弁事業契約を結ぶが、これは最も精密な航空機電子技術を分かち合うこととなる。

今日、航空機製造で最も重要な部分が電子技術である。米国企業GEは民間部門という限定をつけてはいるが、この重要な電子技術で中国と合弁に踏み切っている。

中国の軍事技術の水準が想定される以上に進んでいることを示したのは、戦闘機の開発である。中国は第五世代ステルス機の開発を行い、中国語では殲20、西側ではChengdu（成都）J20と呼ばれている。二〇一一年一月一一日付「産経新聞」は「ゲーツ国防長官訪中に照準か　中国産ステルス戦闘機試験飛行」の標題で「初飛行に成功したもようだ」と報じた。もちろん殲20の評価には様々なものがある。米国のステルス戦闘機との性能の差は大きいといわれている。しかし、二〇一一年の段階でステルス戦闘機を開発したのは米国、ロシアと中国のみである。日本はステルス戦闘機を保有していない。

これまで、中国が軍事力で質、量双方で米国に近づく可能性が高いことを見た。次いで核兵器の特殊性を見てみたい。

核兵器と米中の段階的関係

核兵器の出現は、戦争のあり方を根本的に変化させた。

昔は両軍が対峙する。両国にとって、首都から遠く離れた所に戦場がある。この戦場での勝利の積み重ねによって勝敗の帰趨が決まる。双方の首都が共に戦場になることはまずない。

日露戦争はロシアにとっては東の端、日本にとっては海を渡って中国での戦いであった。第二次世界大戦では敗戦国の日本、ドイツは自国が戦場になったが、戦勝国の米国は戦場になっていない。イラク戦争、アフガニスタン戦争でも勝利を収めている米国は戦場になっていない。圧倒的な軍事力を持てば、自国民の犠牲を最小限にして戦争に勝つことができる。

では核兵器を使った場合はどうなるか。ミサイルに搭載された核兵器は、いきなり、敵の政治、経済、社会の中心に攻撃を行い、完全に破壊する。

核兵器は対峙する国の力関係によって戦略が変化する。これを米中関係で見てみよう。

米国の核兵器が中国の核兵器に対し圧倒的に強かった第一期の時代はどうだったか。この時には米国は中国を完全に殲滅できる戦略で臨む。米国は冷戦時、ソ連との関係で「大都市に対する即時かつ大量報復能力を持つことによって、あらゆる規模の侵略を抑止しようとする」という「大量報復戦略」を持っていた。これと同じように、中国の核兵器が未発達の時には、米国は中国にもこの「大量報復戦略」を採用することができた。

第二期の、米国の核兵器が相対的に優位で、米国が先制攻撃すれば中国全土と中国の核兵器も殲滅できるという時代はどうか。中国が先制攻撃すれば、米国本土の主要都市を壊滅させることができる。しかし中国は米国の核兵器を壊滅できず、報復攻撃で自国が壊滅させられる。この時の米中の戦略関係は極めて不安定となる。

米国は先制攻撃すれば中国を全滅させられる。その点優位に立っている。いつでも先制攻撃できる。では、中国はどうするか。米国が先制攻撃すれば全滅する。自分の方から先制攻撃すれば、米国のほとんどの都市を壊滅できる。しかし、ひょっとすると米国はそこで報復攻撃しない可能性も出る（たとえば多くの主要都市を破壊し、まだワシントンが破壊されていないような時）。相対的に米国が優位に立つが、中国の先制攻撃を招く可能性がある。

第三期では、米国も中国も自ら先制攻撃すれば相手国を破壊できる、しかし先制攻撃されたとしても、報復攻撃によって相手を完全に破壊できるだけの核兵器を残せる状況を作る。この時には、両国とも仮に相手に先制攻撃されても最後は相手を破壊できる。そうすると、両国とも先制攻撃に利益を見いだせないので、先制攻撃は避ける。この状態を「相互確証破壊戦略」という。

いまの中国と米国の核兵器関係は、第二期から第三期に移行する段階である。第三期に移行すれば、安定期に入る。ただし、この戦略論は極めて概念的である。通常の人には理解しがたい概念である。「敵側に対して、いつでも自国を抹殺できる状況を与えることで、相手国に攻撃されないシステムを作る」というのは、常識的な考え方ではない。しかし、それが核兵器時代の戦略である。

ミサイル防衛は機能しない

冷戦時代末期の米ソ間の戦略関係は「相互確証破壊戦略」である。しかし、米国人の多くは「ソ連がいつでも完全に米国を破壊できる状況にある」とは思いたくなかった。とても、そのような状況では安心できない。

ここからミサイル防衛という考え方が出て来る。

「相手に自国を常に破壊できる状況を保証することによって安全を確保する」という相互確証破壊戦略は一般の人にはなかなか理解できない。逆に、「悪の帝国・ソ連に我が国をいつでも壊滅できる能力を保証するなんて、許されない」という考えは単純明快、極めて自然な発想である。たとえば、「ソ連が核攻撃をしてきても、それらの核兵器を全部撃ち落とせばいいではないか」、これも自然な発想である。この考え方がミサイル防衛構想である。ソ連が撃ってくるミサイルを全部撃墜すればよい。そうすれば「自分が完全に壊滅する状況を作って安全を確保するよりはるかによい」という考えが出てくる。

レーガン大統領は一九八三年三月、「我々はソ連のミサイルの脅威に、防御的な手段で対抗するプログラムを開始する。米国の安全が、ソ連の攻撃に対する報復によって保たれるのではなく、戦略弾道ミサイルを、米国本土に達する前に迎撃し、破壊できると知った時に初めて、自由な国民は安楽に暮らせるのではないか？」とする戦略防衛構想（SDI）、俗称「スター・ウォーズ」構想をぶち上げた。

レーガン大統領の構想は一般受けする。誰もがこの構想が実現することを望む。しかし、少し考えてみれば、この構想が技術的、財政的に不可能であることはすぐわかる。

大陸間弾道弾は秒速二〜三キロメートルのスピードである。撃ち落とすためにはミサイルの飛行中に命中させなければならない。ミサイルの全長を二〇メートル程度として、一〇〇分の一秒の精度で一定地点に達しなければ命中しない。それも三次元での精度である。その撃墜は技術的に夢物語である。

さらに攻撃する側は、いくらでも対処が可能である。ミサイルから複数の弾道弾を発射すればよい。囮の弾道弾を持ったり、ミサイル数を増やせばよい。ミサイル防衛システムは、攻撃ミサイルよりはるかに費用がかさむ。敵のミサイル数に見合う防衛システムの構築は、財政的にもたない。

マクナマラ国防長官はミサイル防衛システムの可能性を検討させたが、結局、実現は無理と判断した。ペリー元国防長官ら、多くの安全保障関係者はミサイル防衛システムを支持していない。そのため、米ソ対立の中で、「相手に自分の国を完全に破壊できるという保証を与える」ことで戦争を避けるという、まったく新しい戦略が中心となった。かつ、この戦略は冷戦終了後も依然、米国・ロシア間で継続している。

ちなみに、防衛大綱を見れば、ミサイル防衛は我が国の防衛の柱になっているが、米国以上に不可能だ。ミサイルは数分で飛んでくる。たとえば北朝鮮は、三〇〇発程度のミサイルを実戦配備していると言われる。これらのミサイルが発射されたか否かすらほとんど掌握できないのだから、弾道の軌道計算はまずできない。そんなものをどうして撃ち落とせるだろうか。第二次世界大戦中、マジノ・ラインを築けばドイツの攻撃を防げると思ったフランス以上に、不可能なものを可能であるとしている。不可能を基礎に防衛大綱を作るべきでない。

さらに日本が守るべき場所は政治・経済・社会・軍事など無数にある。東京にしても、国会、丸の内、霞が関、銀座、新宿、市ヶ谷（防衛省）等どこが攻撃されても、無防備でやられっぱなしでいいという場所はない。横浜、名古屋、京都、大阪等の地方都市を加えていけば、無数にある。

守るべき場所を政治・経済・社会の中心とすれば、ミサイル防衛システムで守りきる体制を作ることはあり得ない。

中国は一万一〇〇〇キロメートルの射程を持ち、米国のすべての都市を攻撃し得るＤＦ31（東風31、移動式固体燃料大陸間弾道ミサイル）、ＤＦ31Ａ（ＤＦ31の改良型）を配備している。また中国は原子力弾道ミサイル潜水艦「０９４型（「晋」級）」の建造を進めている。この潜水艦には、射程距離七四〇〇キロメートルの大陸間弾道弾、ＪＬ２（巨浪二型）が搭載される。中国は現段階においてはこれら弾道ミサイルの量的保有は抑え、質の向上を図っている。量の保有を増せば、米国の警戒心は増す。当面質の改善に全力を尽くす。技術水準が米国並みになった時に量を増やせばよい。

「晋」級原子力弾道ミサイル潜水艦の利用は、東アジア、南西アジアの戦略的重要性を変える。「晋」級原子力弾道ミサイル潜水艦の拠点は海南島である。この潜水艦から米国本土に核攻撃ができるためには、この潜水艦が米国の潜水艦（この場合の潜水艦を「攻撃型潜水艦」という）から攻撃されないようにしなければいけない。攻撃型潜水艦に攻撃されないためには、深い海が必要となる。東シナ海や南シナ海の水深は浅い。当然中国はこの弾道ミサイル潜水艦を太平洋の深海に配備しようとする。

中国が弾道ミサイル潜水艦を太平洋の深海に配備するには、東シナ海や南シナ海へ抜ける道が必要となる。海南島から太平洋へ出るのに、ある程度の深さを持つのは台湾とフィリピンの間のバシー海峡である。この点で台湾と南沙諸島は中国にとって新たな戦略的な重要性を持つ。日本も当然この争いに巻き込まれる。

整理してみよう。

第一段階で、中国は原子力弾道ミサイル潜水艦を太平洋の深海に配備し、米国本土攻撃の態勢をとろうとする。

第二段階で米国は中国が米国本土を攻撃するのを阻止しようとする。そのためには中国の弾道ミサイル潜水艦を攻撃できる態勢をとる必要がある。または潜水艦を発見する軍用機P3Cや攻撃型潜水艦を増強する必要がある。しかし、米国の財政逼迫の中で、増強は困難である。

第三段階では日本にP3Cや攻撃型潜水艦を増強してもらい、日米共同作戦を深めていく。

第四段階で日本が作戦に参加しやすいように、中国海軍の脅威をプレーアップする。

いま、中国の安全保障政策で最も重要なのは、核兵器の分野で、米国と早期に五分の態勢を確立することである。したがって、中国は当面、移動式固体燃料大陸間弾道ミサイル東風31や「晋」級原子力弾道ミサイル潜水艦を大量に持ち、米国に対する核の報復能力ができるまでは基本的に低姿勢を貫く。

こうしてみると中国が軍事的に米国に対抗し得るようになるには、経済と同じように時間を要する。しかし、同程度の軍事兵器を作れる可能性はすでに持ちつつある。あとは性能アップだけである。ここでも一〇年間あれば相当のことができる。経済では二〇二〇年が一つの節目であることを見てきた。軍事でも同じように二〇二〇年が節目になる。この時期までに技術水準で追いつき、あとは一気に量的充実を図ってくる。

第2章　東アジアに対する米国戦略の選択

四つの選択

多くの人は、東アジアに対する米国の戦略は、日本重視で一貫していると思っている。確かに冷戦から今日までのほとんどの期間、米国は日本を軸にして考えてきた。しかし、長い歴史を見てみれば、東アジアで米国が最も重視してきたのは中国であり、日本ではない。

ダレス（元国務長官）は『戦争か平和か――ダレス回顧録』（鳳映社、一九五八年）で次の記述をしている。

「過去におけるアメリカの対極東政策は、中国との友好関係を基礎としていた。アメリカの国民は、政府、伝道者、医師及び教育者を通じ、一世紀以上にわたって、中国人と友情を分かち合い、築き上げてきたのである」

米国の東アジアの主要目標は、もともと中国であった。たとえば第一次世界大戦後のウィルソン大統領の門戸開放政策は中国を主要目標とした。それが日本の中国進出で予定が狂った。米国は当然、日本が中国の権益を独占する動きを阻止する方に回る。その頂点が、日本の第二次世界大戦への参加を決定づけるハル・ノートである。一九四一年一一月米国が日本政府に提示した交渉案では、中国に関して「日本政府は中国からすべての軍事、海軍、空軍、警察力を撤退させる」という要求がある。

第二次世界大戦後、中国は共産政権となった。一九五〇年、中ソ友好同盟相互援助条約で中国とソ連は同盟を結ぶ。中国を重視してきた米国であったが、当時、共産主義と闘うことが米国戦略の最重要課題であった。ソ連と手を結んだ中国は米国の敵となる。

しかし、一九六九年中国とソ連は珍宝島(ロシア名はダマンスキー島)を巡り武力紛争まで行う。「敵(ソ連)の敵(中国)は味方」になる。ここで再び、米国の中に「中国は日本より重要」という発想が出る。七二年ニクソン大統領は突然訪中した。そもそも日本国内には中国(大陸)との国交を望む声が強かったが、米国の要請で台湾を支持してきた。ところがその米国が突然方向転換した。日本には事前の通報はない。日本政府の「裏切られた」という気持ちには強いものがあった。ニクソン大統領及びキッシンジャー国家安全保障担当補佐官は、日本より中国を重視した。

米国が「東アジアで日本を最も重視する」というのは、決して不動の政策ではない。一時期、米国が中国を重視しなかったのは、中国自身が共産主義の道を選び米国の敵となったからである。かつ共産化の影響で中国経済が世界の発展から大きく取り残されていたからである。

中国が世界の超大国として動き始めたいま、米国にはどのような選択肢があるのか。

マイケル・グリーンという二〇〇一年から〇四年まで国家安全保障会議（NSC）の日本・朝鮮担当部長となった日本通がいる。彼は「日米同盟を強化すべし」という論陣をはってきた。だから、多くの人は彼には「日米同盟を強化すべし」の発想しかないと思っている。しかし、彼は学者としても優秀で、客観的に情勢を見極められる人物である。

二〇一一年七月刊行の『日本の未来について話そう』（マッキンゼー・アンド・カンパニー責任編集、小学館）の中でグリーンは「米国の戦略的資産としての日本」を寄稿した。ここで彼は、米国がとり得る四つの戦略の選択肢を記している。

第一の選択は、伝統的な日米関係を重視する。

第二の選択は、米中二大大国が世界を調整する。

第三の選択は、米国は部分的撤退を図るが、その分を同盟国（主として日本）で穴埋めさせ、共通の敵に当たらせる。この概念をオフショアー・バランシングと呼ぶ。

第四の選択は関係国で国際的枠組みを作っていく。

マイケル・グリーンの分析は彼一人の考え方ではない。オバマが大統領になってから、米国は同盟国重視の姿勢を大きく弱めた。この事情はロバート・ケーガンの論文が参考になる。

ロバート・ケーガンはネオコン（新保守主義。世界に民主主義を拡散させることを目指し、その際、米国軍事力の積極的利用を提唱）の論客で、ブッシュ大統領時代には極めて強い発言力を持った。このケーガンが二〇一一年一月、「ワールド・アフェア」誌に「オバマ（大統領）の一年目」を発表した。その要約は以下の通りだ。

●オバマ大統領の時代は新しい米国外交の時代の始まりで、第二次世界大戦後採用された米国の大戦略を捨てる時となるかもしれない。

●約六〇年間継続した古い戦略には三つの柱がある。第一の柱は軍事、経済面で米国の圧倒的優位を維持すること、第二の柱は民主主義国家との軍事的、経済的同盟を重視すること、第三の柱は開放的な貿易、金融システムを構築することである。これは自由主義諸国に有利なバランスを構築することでもある。

●オバマ政権は軍事的、経済的な優位を維持することと、同盟を重視するという二つの柱を捨てた。そして同盟国以外の国との関係強化で米国の衰退を阻止しようとした。彼らはいわば「ポスト・アメリカ時代（アメリカの優位後の世界）」の建設者であろうとした。

●新しい戦略は勃興する中国の力を封じ込めようとする代わりに、中国と協調することを求めた。その中で国内政治においては、彼らの政治システムを重んじ、勢力圏における覇権を容認した。

●そのことは第二次世界大戦以降の同盟国との関係に距離を置く必要が出た。中国と協調を図る中で、そもそも中国封じ込めを意図した同盟国との古い関係を維持することは難しい。

●米国はかつてのように同盟国を軸に外交政策を展開するのではなく、G20（主要国首脳会議のG8に加え、中国、インド、ブラジル、アルゼンチン、南アフリカ、韓国、インドネシア等の二〇ヵ国を対象）との関係樹立を目指した。

●ここでは民主主義というイデオロギー的な側面、これに基づく同盟の意義は薄められた。

この論に若干の補足を加えておきたい。

歴史的に見ると、かつてのソ連は共産主義というイデオロギーで統治されていた。かつ、ソ連はこの共産主義を世界に拡大する政策をとっていた。これに対して、米国は「封じ込め政策」をとり、各国と連携した。「体制の異なり」は脅威の拡大と関連していた。ではいまの中国はどうか。中国は確かに共産党が独裁的に支配している。しかし中国は今日、共産主義というイデオロギーで統治している訳ではない。共産主義というイデオロギーは死に体である。中国はイデオロギーを輸出する訳ではない。よく日本で「日本と米国は民主主義で一緒。だから体制の異なる中国に対して共同で対抗する」という台詞がはかれる。中国の共産党は国内支配のための統治機構であり、国外に輸出するものではない。だとすれば、米国にとってこの共産主義に対処する必要性は低い。これがソ連時代といまの中国との違いである。

では米国にとって何が重要か。もはや、イデオロギーではない。「利益」である。「中国市場」という利益の方が「独裁国中国」よりウエートが高い。

第一の選択——伝統的な日米関係を重視

第一の選択は伝統的な日米関係を重視することである。このグループにはこれまで、日米関係に特化してきた人々、産軍複合体につながる人脈の人々が入る。たとえばリチャード・アーミテージ、グリーン、ジョセフ・ナイ等がいる。アーミテージは国務副長官（二〇〇一～〇五年）、グリーンは国家安全保障会議の日本・朝鮮担当部長のあと、アジア部長（二〇〇四～〇五年）を務めた。いずれも共和党人脈に属する。

これらの人々は、米中の体制の違いを強調し、「米中の連携は難しい。体制の違う中国に対して日米が協力して対抗すべし」との立場をとっている。アーミテージとナイが鼎談に参加した『日米同盟vs.中国・北朝鮮』（文春新書、二〇一〇年）では次のようなナイの発言がある。

「米中による戦略的握手はあり得ないと思います。（中略）〔米国は〕中国を脅威と見ているのです。（中略）日本は民主国家であり、とても多くの接点もあります。中国は民主国家ではなく、近い将来、そうなる可能性もありません」

またグリーンは、二〇一一年七月一九日付「ワシントン・ポスト」紙に「なぜ我々は日本やインドと協力しないのか」を寄稿し、「〔日本やインドという〕決定的に重要なパートナーシップのために大胆な構想が必要である」と説いている。この彼が「オバマ政権は中国との関係を重視し、日・インドとの関係を軽視している」と指摘している。つまり、オバマ政権では、「中枢部では『日米同盟を東アジアの中心に』という考え方が稀薄になっている」という。

「日米関係を重視すべし」と主張するグループにはネオコンの人々が入る。このグループは中国共産党に懐疑的である。ロバート・ケーガンが代表的論客だが彼は、「歴史の回帰と夢想の終わり」の中で「民主主義国家と専制国家との間の世界的な争いが二一世紀の世界で重要な要素となる」と指摘し、日本、インドとの連携を呼びかけている。

また、外交問題評議会アジア研究部長エリザベス・エコノミーは、「フォーリン・アフエアーズ」誌二〇〇九年五月号に「米中G2という幻想」という論文を寄稿し、ここで「中国と米国の価値観はかみ合わず、深まった二国間関係を築くのは不可能だとみられる」「オバマ政権は日本、EU等主要な同盟諸国と話し合い、各国の対中政策との調整を行うべきである」と主張した。

しかし、中国に関する限り、オバマ政権の初期は、次に見るG2戦略に傾斜していった。

第二の選択――米中二大大国が世界を調整

G2戦略が世界に注目されたのは、「フォーリン・アフェアーズ」誌二〇〇八年七・八月号に掲載されたフレッド・バーグステンの「対等のパートナーシップ」である。バーグステンはロックフェラーやキッシンジャーと近い人物である。一九七〇年代末に財務次官補を務めた。研究所所長などで活発な言論活動を展開し、さらに政府の各種諮問委員会委員を務めてきている。米国内外政策を決定する奥の院につながる一人と言ってよい。

彼の主張点の一部を見てみたい。

●基本的な考え方は米中で国際的支配体制の舵取りをするG2体制を発展させることである。
●他の国に対して微妙な点があるので、公にG2というのは必ずしも好ましいことではない。
●しかし戦略が動くためには世界経済を管理する主たるパートナーとして、中国に優先権を与えなければならない。
●自分がG2の考え方を出した後、ロバート・ゼーリック元国務副長官は中国とG2について協議した。
●二〇〇七年ヘンリー・ポールソン元財務長官が両国関係を「米中戦略的対話」にまで高めていった。したがってG2の制度的フレームワークの設立はすでに始まっている。
●G2は真の指導体制としてのパートナーと見なされなければならない。

G2構想は単に学者、評論家だけの考えではない。G2の考え方を米国政府レベルで採用したのはゼーリック国務副長官（二〇〇五～〇六年）である。

ゼーリックは中国側に対して「責任ある利害関係者（responsible stakeholder）」になるよう呼びかけている。ゼーリックは二〇〇五年九月「中国、メンバーシップから責任へ」という演説で、まず、「中国は巨大である。さらに巨大化する。将来世界に影響を与える」「中国の巨大化する力にどう対応するかが米国外交の中心課題である」として中国を大国として位置づけた。

「中国を恐れからみる声を聞くであろう。しかし我々は中国を恐れのレンズからでなく将来の好機ととらえる時に成功がある」とし、「中国が責任ある利害関係者になるよう中国側に働きかける必要がある」と主張した。

さらに「中国は急進的な反米イデオロギーを広めようとはしていない」「中国はまだ民主的ではないが、民主主義に反対している訳でない」「中国は国際秩序を壊すことに自己の将来を置いていない。事実は逆であり中国の指導者は現代の世界と結びつくことに将来があると見なしている」として「中国とは協調する基盤がある」と主張した。そして「我々は中国が責任ある利害関係者になるよう働きかける必要がある」と指摘した。

二〇〇八年の大統領選挙で、マーク・ブレジンスキーはオバマ大統領の外交政策顧問として活躍した。このブレジンスキーはオバマ政権の誕生直前、「チャイナ・デイリー」紙に「文明の和解に向けて」を寄稿し「非公式なG２」を説いた。ここで、オバマ大統領と「調和的世界」の概念を打ち出した胡錦濤国家主席との協力関係を呼びかけている（胡錦濤は二〇〇七年二月七日南アフリカのプレトリア大学で演説し「中国の発展は、平和的発展、開放的発展、協力的発展、調和的発展である。中国は国内では調和のとれた社会の構築に尽力し、対外的には世界各国と一緒に、末永く平和で、共に繁栄する調和のとれた世界の建設を推し進めることを望んでいる。中国は、平和、発展、協力の旗幟を高く掲げ、独立自主の平和外交政策を遂行し、平和発展の道を揺るぎなく歩み、相互利益とウィン・ウィン〔お互いが利益を得る関係〕の開放戦略を堅持する」と主張した（二〇〇七年二月八日付「人民網」日本語版）。

ブレジンスキーの寄稿を読めば、オバマ政権では米中協力を推進することが十分予測できた。

オバマ政権ではスタインバーグが国務副長官（二〇〇九年一月～一一年七月）に就任する。スタインバーグは学者であると同時に、国務省では政策企画局長や情報調査局分析担当副次官補を務め、国家安全保障問題担当大統領副補佐官を務めた人物である。

このスタインバーグが米国政府内でG２的考え方を促進させた。スタインバーグは中国との間で「戦略的再保証（strategic reassurance）」という概念を持ち込む。

スタインバーグの「戦略的再保証」の概念は詳細には説明されていない。しかし一般には「米国が中国の台頭を歓迎する。米国は、地域的およびグローバルな中国の役割発揮に支持を与える。その一方で、中国が地域と世界全体の安全に脅威を与えないことを保障するよう求める関係」と見られている。

こうした考えはオバマ大統領の政策にも現れている。オバマ大統領は二〇〇九年一一月の訪中時の演説で「米中関係が二一世紀を形作る。したがって米中関係は世界で最も重要な関係である」と述べ、基本的にG2の思想を踏襲している。

G2は主要な国際問題を米中で協議し、解決していくことを目指している。米中で協議するなら、そのメカニズムが必要になる。

二〇〇六年一二月、当時財務長官だったポールソンは中国側と米中戦略経済対話（US-China Strategic Economic Dialogue）を協議した。彼はゴールドマン・サックスの元会長であり、精華大学経済管理学院の諮問委員会委員長等中国関係者と深い繋がりがある。

この協議にはポールソン財務長官の他、ハバード大統領補佐官（経済担当）、商務長官、FRB議長、労働長官らが参加した。

オバマ政権になり、米中間の対話は一段とレベルアップが図られる。ポールソン財務長官の作った戦略経済対話は経済閣僚の討議の場である。これに対し二〇〇九年七月二七日に開催された、「第一回米中戦略と経済対話」（US-China Strategic and Economic Dialogue）では、タイトルでは「and」の文字を追加しただけであるが、内容はすっかり変わった。新たに「安全保障」が加わり、経済と安全保障の二分野を協議することとなったのである。

米中はG2として協議をしていく、より高度な組織を作った。

G2構想に慎重な中国

G2構想は、中国に対して「責任ある利害関係者になるよう」求めている。中国もうっかり賛成と言えばどんな責任を押しつけられるかわからない。したがって公には、G2構想に対して慎重な姿勢を示している。日本経済新聞社編『日中逆転 膨張する中国の真実』（日本経済新聞出版社、二〇一〇年）は次の記述をしている。


オバマ大統領の訪中では、温家宝首相が同大統領との会談で、G2論には賛成しない考えを伝えた。

「中国は人口が非常に多い発展途上国で、国家の近代化への道のりは遠い」

「中国は独立自主の外交政策を取り、どの国とも同盟関係は持たない」

「国際問題は各国が共同で決めるべきで、一、二ヵ国だけで勝手に決められない」と説明した。


温家宝首相はとりあえず、G2論に否定的見解を示した。

別の観点から反対を述べる声もある。こちらはもっと民族主義的である。前章でも紹介した王緝思は論文「日米中関係とパワーバランスの変化」（『日米中トライアングル』）の中で次の注を書いている。

2009年3月に中国で出版されたベストセラー、『中国不高興』（中国は不快だ）では次のような意見が述べられている。「中国のパワーが先例のないレベルで成長しているのであるから、中国は自身を蔑むのをやめ、世界をリードする力があるという現実と欧米の影響をたつ必要性を認めるべきである」、さらに「(世界秩序の) 改革には、歴史の積み重ねと、長い文明、そしてある程度の規模の人口を有する国が必要である。中国は今の構造でも結構うまくやっているが、この構造は続かない。中国は救世主となるべきだ。それは我々の歴史的な任務である」と論じている。

しかし中国にとり、「世界を牛耳るのは米中、協力しよう」と言われるのは、決して嫌なはずがない。特に国際関係に従事する者は歓迎する。代表的なのは林毅夫世界銀行副総裁である。彼はゼーリック（世界銀行総裁に転出）と共同で、二〇〇九年三月六日付「ワシントン・ポスト」紙に「G2で世界経済の回復を」を掲載している。

G2構想の基本は①中国に二大超大国としての地位を認める、②よって中国は応分の協力を行えというものである。中国は①はいいが、②は困るというのが基本姿勢である。

G2構想と日本の地位低下

もともと日米安全保障関係は共通の敵を想定し、構築されてきた。冷戦時代は、ロシアが仮想敵国である。冷戦後は、中国が最大の仮想敵国である。

しかしいまは米中間の協調関係が進んでいる。この協調関係は安全保障も含む。G2で解決できるなら、日本は必要ない。米国がG2体制を追求すれば、日本の利用価値はぐっと下がる。

しかしながら、日本国内には米国がG2体制を追求していることを認識している人は少ない。しかし、オバマ政権下では大統領、副大統領を含め、G2的発想で動いている。この事実から目をそらすべきではない。

「はじめに」で米国世論は「米国にとり、東アジアにおいて最も重要な相手国はどこか」の問いに対し、いまや日本ではなく、中国と答えるのを見た。それは単に世論調査の上だけでない。政策として動いている。

一方、第1章で見たアンケートでもわかるように、欧州諸国では、中国を大国として扱うことに何の躊躇もない。

欧州連合のサイトでは「中国」の項目で次のように記している。EUが中国を重視しているのがわかる。

「EUは中国にとり最大の貿易パートナーである。中国はEUの最大の輸入相手国であり、貿易全体を見ても、EUのナンバーツーの相手国である」

二〇一一年一一月「フォーブス」誌は「世界で最も力のある人々」を発表した。順位は、1オバマ米大統領、2プーチン露首相、3胡錦濤中国主席、4メルケル独首相、5ゲーツ米国防大臣、6アブドラー・サウジアラビア国王、7ローマ法王、8バーナンキ米連邦準備制度理事会議長、9ザッカーバーグ（フェイスブック創業者）、10キャメロン英首相、11ガンディー・インド国民会議総裁、12ドラギ欧州中央銀行総裁、13サルコジ仏大統領、14温家宝中国首相、15周小川中国人民銀行総裁である。一五位までに中国人は三名も入っている。欧米諸国で中国要人を重要視するのに、何の違和感もない。ちなみにこの時、野田佳彦首相は六二位である。

中国の経済の台頭とともに、欧州で中国を大国と見なすことも自然になっている。

二〇一一年一一月にフランスのカンヌでG20首脳会議が開催された。これに先立ち、世界のビジネス指導者たちが集まり「現在のドル支配体制は世界経済の危機を増幅させる。

多極的通貨システムが不安定を減少させ、よりバランスのとれた経済に導く。多極的通貨システムではドル、ユーロに中国等が続く」とする決議を行った。

通貨はドル支配の場所である。米中のG2か米・中・欧州のG3かは別として、中国は完全に米国と肩を並べる存在として扱われている。

第三の選択――オフショアー・バランシング

日本の識者で、米国の東アジア政策を「オフショアー・バランシング」という言葉で説明する人はほとんどいない。

しかし、米国内ではかなり広まっている概念である。

実は、興味深いエピソードがある。読者の中に日米学生会議をご存じの方がおられるであろうか。日米学生会議は、満州事変以降悪化しつつあった日米関係を憂慮した日本の学生が一九三四年に創設した組織である。一年ごとに日米の学生が交流し、相互理解を深めることを目的としている。日本では宮沢喜一元総理が三九年、四〇年に参加した。米国ではキッシンジャーが五一年に参加している。二〇一一年の夏休みに米国の学生たちが日本に来て、筆者が日米の学生たちを前に講演をした。

この講演で筆者は、「米国の東アジア政策は　第一の選択（日米関係を重視）、第二の選択（G2）、第三の選択（オフショアー・バランシング）、第四の選択（国際的枠組み作り）のどれであるか」を質問した。日本の学生は当然第一の選択（日米関係を重視）と答える。ところが米国の学生のほとんどが第三の選択（オフショアー・バランシング）と答えたのである。

ではオフショアー・バランシングとはどういう概念か。

これは何も東アジアに限定された概念ではない。オフショアー・バランシングは「特定の大国が、想定される敵国が力をつけてくるのを、自分に好意的な国を利用して抑制させる」という概念である。これは超大国が実際に自国の軍隊を展開せずに影響力を保とうとする考え方である。

歴史的に見ると大英帝国が欧州大陸に使用した。一九三〇年代、米国が英国等に武器を供与した。第二次世界大戦初期、米国は直接戦場で戦う戦闘員になっていない。ナチスと戦う英国を間接的に助け、民主主義の武器庫となった。これもオフショアー・バランシングである。一九八〇年代イランのイスラム原理主義が中東地域に拡大することが懸念された。米国はイラン・イラク戦争でイラクを支援した。これもオフショアー・バランシングの例である。

今日、このオフショアー・バランシングを東アジアに適用することが提案されている。

つまり、台頭する中国に対して、日本を当てようとする考え方である。米国はこの日本を支援する。

クリストファー・レイン・テキサスA&M大学教授がこの構想の提唱者である。レイン教授は「インターナショナル・セキュリティ」誌に「優位からオフショアー・バランシングへ」という論文を掲載している。

リバタリアンと称されるグループもこの構想の支持者である。リバタリアンは、経済や社会に対する国家や政府の介入を否定もしくは最小限にすることを主張している。CATO研究所が拠点である。

この構想の変化形に「ヘッジ戦略」がある。ファリード・ザカリアが提唱者である。ザカリアはインド出身で、イェール大学卒業後、ハーバード大学で博士号を取得し、「フォーリン・アフェアーズ」誌編集長等を歴任し、米国言論界で発言力を獲得した。彼は二〇一〇年一一月一五日付「ワシントン・ポスト」紙で、次のような「中国へのヘッジ戦略」を発表した。

●中国に対する正しい選択は封じ込めではない。

●ソ連は攻撃的な地球規模の敵であった。ソ連は西側諸国を脅し、戦争やゲリラ活動を支援し、テロに資金援助した。ソ連は自分のモデルへの追随を世界に求めた。

●これに対して中国は西側主導の世界秩序に参画し、貿易システムに入った。大勢として西側とは協調を求めている。米中の経済は相互に絡み合っている。

●アジア諸国は冷戦時代のような反中国軍事同盟を目指していない。多くの国にとり、中国は最大の貿易パートナーである。

●アジアの公的な人々は誰も封じ込めを求めていない。むしろ米国が中国と密接な関係を築き、中国の行動を穏健化させることを期待している。

●ドニロン国家安全保障担当大統領補佐官も「(アジア) 地域は中国と積極的かつ肯定的関係に入ることを期待している」との認識を持っている〔なおドニロンの兄弟はバイデン副大統領の法律顧問で、夫人はバイデンの官房長である。バイデン副大統領は米中関係の緊密化を主張している〕。

●私は中国に対し「ヘッジ戦略」を提唱する。多くの投資会社は価値の上がる株を買う一方で、市場が下落した時に備える株購入を行う。同様にアジアの繁栄をもたらすとの想定で中国との関係緊密化を行う。しかし、中国が脅迫したり、不安定化した時に備え、インドや日本等との強固な同盟関係を維持しておく。

「ヘッジ戦略」の柱は中国である。米国は戦略として中国との関係強化を図る。しかし、万が一に備えて日本を用意しておく。日米同盟の強化はその備えに過ぎない。「俺(米国)は中国と関係強化に努める。お前(日本)は万が一のため、中国敵視政策を続けていろ」というような米国の政策を見ると、現在の動きがよくわかる。

二〇一一年後半から米国政府要人が「アジア重視、アジア回帰」を述べる機会が増えた。

クリントン国務長官は「フォーリン・ポリシー」誌二〇一一年一一月号に「米国の太平洋の世紀」と題する論評を掲載し、「国際政治の未来が決まるのはアフガニスタンやイラクにあるのではない。アジアにある。米国は、将来、アジアでの動きの中心にいる」と主張した。

オバマ大統領も、二〇一二年一月二五日の一般教書演説において、「米国は太平洋の勢力(power)である。米国は衰退しているという者がいるが、米国は国際政治に欠かすことのできない国家であり続ける」として、太平洋の最重要勢力であり続ける意志を示した。

こうした動きに対して、二〇一二年一月七日付「読売新聞」は「米新国防戦略『アジア重視』に日本も呼応を」との標題の下、「米国の新国防戦略は、同盟国がより大きな役割を果たすことを期待している。日本も、この新戦略を前向きに受け止め、『動的防衛力』

の強化など今後の防衛政策に反映させていく必要がある」と主張した。

米国のアジア重視の動きは日本の防衛政策にも影響を及ぼす。したがって、米国のアジア重視の動きがどのような性格を持つかを正確に理解する必要がある。

二〇一二年一月一〇日付「星条旗新聞」は「太平洋回帰が叫ばれているが、グリナート米海軍作戦部長は、『より多くの米国艦船や軍隊がこの地域に来るのを期待すべきではない。アジア地域に海軍艦船を五〇隻配備するとの方針には何ら変化がない。我々は過去もアジアにいたし、現在もいるし、将来もいるということである。新戦略は日本、韓国、インドネシア等との同盟を強化することである』と述べた」と報じている。

ステファン・ウォルツ・ハーバード大学教授は「フォーリン・ポリシー」誌の二〇一二年一月九日付ウェブサイトで「米国の新国防戦略におけるアジア重視はオフショアー・バランシングの要素があり、これを歓迎する」と指摘している。

「オフショアー・バランシング」という難しい学術用語を使う必要はない。米国は、米国の利益のために、これまで以上に日本を軍事的に利用する方針を決めたということである。

第四の選択――関係国で国際的枠組みを設立

国際社会は一九九三年頃より、北朝鮮が核兵器開発を行っているのでないかとの疑惑を増した。そこで米朝間の緊張関係を背景に、九四年六月、カーター元米大統領が訪朝し、金日成国家主席と会談した。これを受け、九四年一〇月米朝間で合意が成立した。その内容は「北朝鮮がそれまで進めていた核開発プログラムを凍結する。原子力開発を核拡散の恐れが少ない軽水炉に置き換える。段階的にアメリカと北朝鮮の関係を正常化していく」というものである。

その後北朝鮮の核開発をめぐる動きには様々なものがあった。そして二〇〇三年八月北京で、中国、日本、米国、韓国、ロシア、北朝鮮が集まり、北朝鮮の核開発問題を協議した。いわゆる「六ヵ国協議」である。

こうした枠組みを北朝鮮の核問題に限定せず、東アジアの安全保障問題全体の協議の場に拡大できないかというのが、第四の選択である。

米国のイニシアティブではないが、この流れに近い考え方に東アジア共同体構想がある。

それぞれの選択肢で見えるもの

米国が中国にどのように臨むか、四つの戦略を見た。この中で、米国がどの選択肢を採用するか。米国の中で最終的に決着することはない。

米国は基本的に価値観が多様な国である。異なる利害関係が交錯する国である。価値観、利益の異なりは様々な政策を生み出す。

貿易一つとってみても、中国の安い労働力を狙い、中国に工場を作る企業がある。同じような商品を米国国内で生産する企業がある。後者は「中国の安い商品は米国国内の雇用の機会を奪う」と主張する。「中国の製品が米国に入るのは価格が安いからだ。中国が人民元を意図的に低く設定しているからだ。こんな国には制裁しろ」という声が出る。逆に中国に進出している企業は自由貿易を主張する。この利害の対立は治まらない。

中国政策については、二つの大きい利益集団がある。一方は産軍複合体と呼ばれるグループである。他方は金融・産業グループである。産軍複合体と金融・産業グループはどちらも巨大である。両者共、一方的に破られることはない。この両者の考えが交錯して政策となる。

金融・産業グループは中国市場、東アジア市場を求める。したがって平和な環境を求める。対中宥和政策が主になる。他方、産軍複合体は軍事的な対中優位を志向する。その際には日本など周辺国を自国陣営側に引き寄せ、中国と対抗することを目指す。

この中で、対日政策では産軍複合体が主体であるといっていい。最近ではアーミテージ、グリーン、ナイらがこのグループに属している。しかし対中政策では、産軍複合体も金融・産業グループも重大な関心を持つ。両方が政策に関与する。

米国政府全体としてみれば、現在は対中関係者の発言力が圧倒的に強い。

これは何を意味するか。「米国の東アジア政策はアーミテージ、グリーン、ナイらの対日関係者の考えだけでは形成されない」ということである。アーミテージ、グリーン、ナイらの発言が米国政府の東アジア政策を代表していると考えると誤りを犯す。

米国は今後とも、第一の選択（伝統的な日米関係を重視）、第二の選択（米中二大大国が世界を調整）、第三の選択（米国は部分的撤退を図るが、その分を同盟国で穴埋めさせ、共通の敵に当たらせる）、第四の選択（関係国で国際的枠組みを作る）の間で揺れていく。時にはこれら四つが交錯して米国政府の政策となる。決して第一の選択（伝統的な日米関係を重視）だけで終わることはない。

日本のメディアはアーミテージ、グリーン、ナイといった対日関係者の考えを紹介する。日本の政治家や官僚はこのグループと接触する。したがって、「米国は日米同盟強化にしか動かない」と錯覚している。

日本にとって重要なのは、「最高権力者である米大統領がどういう考えを持っているか」

「その周辺には誰がいるか」「その思想は何か」を常に見ておく必要があるということである。決して一つの戦略で固定されている訳ではない。いまは、第二の選択（米中二大大国が世界を調整）を主張する人々がオバマ大統領の周辺を固めている。そのため一時期、米中二大大国論（G2）が前面に出た。しかし、この政策で固定されている訳ではない。綱引きが続いていく。

米国国内政治と対中政策の関係

米国の対外政策には、外部環境をどう見るかのみならず、国内政治の動向が大きい影響を与える。一つはナンバーワンの座を脅かす中国に対する米国国民の反発である。

筆者が一九八〇年代にハーバード大学で研究員をしていた時、ナイ教授の授業に出た。ナイ教授は「戦争はいかなる時に起こるか。超大国ナンバーワンが別の超大国ナンバーツーに追いつかれると思った時だ」と述べたことがある。そして、この時、日米間では貿易摩擦が拡大し、米国は日本に次々と改善策を要求した。この雰囲気はいま、米中間にある。様々な問題が争点になる。為替、貿易、人権問題、台湾問題など米中間で対立を招く問題は尽きない。

また国内経済との関係もある。米国では経済動向が悪い時、しばしばその矛先は外国に向かう。歴史的には次の二つが代表的である。

一つは大恐慌に関係する。一九二九年、ニューヨークのウォール街における株式大暴落に端を発する大恐慌が起こった。翌三〇年六月、スムート・ホーリー法が成立した。当時のフーバー大統領（共和党）は、二万品目以上の輸入品に平均四〇％前後にも達する関税をかけた。各国のアメリカへの輸出は伸び悩み、世界恐慌を深刻化させることになる。米国はその後、世界恐慌克服措置を打ち出すことを余儀なくされた。

第二は一九八〇年代末から九〇年代にかけての対日貿易政策である。

二〇一一年は、類似の状況を作り出している。米国経済は当面、繁栄が困難である。米国経済の需要は約七〇％が消費、約一六％が政府支出である。

一般国民の消費は高い失業率（二〇一一年九月時点で約九％）、高い借金の負担（Household debt service paymentsと呼ばれる収入に対する借金返済額は二〇一一年には一一％）、住宅価格の低迷と住宅投資の低調などで、伸びが期待できない。

経済不況の中、当然スケープ・ゴートが模索される。中国は格好の標的となる。この動きは今後、幾度となく出て来る。二〇一一年後半には通貨問題が浮上した。この時の状況を一〇月四日のＮＨＫの「NEWS WEB」で見てみたい。

「米国議会上院は、中国政府が通貨・人民元の上昇を不当に抑えているとして、制裁を科すための法案の審議に入ることを決め、中国への圧力を強める姿勢を鮮明にしています。（中略）来年の大統領選挙や議会の選挙を控え、アメリカ国内では、厳しい経済状況を背景に、人民元の切り上げを求める声が強まっており、為替を巡るアメリカと中国の緊張が高まることが予想されます」

二〇一二年の大統領選挙では中国批判が出て来る可能性がある。一一年一〇月一一日、共和党大統領候補討論会で、有力候補の一人ロムニーは次の発言を行っている。

「中国人は銀行に微笑みかけ、我々の通貨と仕事と未来を奪っている。私はこれが起こるのを許さない。私はこのレース〔大統領選〕で我々が再び強くなり、職を創設しようとしている。現状はぺてん（cheating）だ。（中略）我々は中国にえぐられている。〔中国は〕意図的に価格を低くしている。それは米国の職に多大な影響を与えている。（中略）〔外国の〕人々が不平等な貿易上の行いをしているなら、行動をとる大統領を持つ必要がある。大統領になった一日目に、私は中国が通貨の操作を行う者と見なす大統領令を発出する。彼らは通貨を操作する者としてＷＴＯで彼らと対峙する行動をとる。我々は彼らを追い続ける。中国に対して立ち上がらなければ中国にやられてしまう。それが過去二〇年間に起こったことだ」

こうした動きは今後様々な案件を対象に発生するだろう。その根底にあるのは、ナンバーワンの座を揺るがす中国に対する米国国民の不安である。

二〇一一年一〇月七日時点の中国に対するPEW世論調査では、「中国に対する経済・貿易政策でどちらがより重要か」という問いに対し、「中国にもっと強く（tough）対処する」が四〇％、「中国とより強い関係を築く」が五三％という回答だった。差は一三％である。今後の情勢で十分に逆転する範囲にある。

米国が少なくとも経済面で、中国に追い抜かれることをどこまで容認できるか。どうもいまの米国はそれができないのではないか、その時には米国国民は激しい怒りで対応するのでないかという英国「ファイナンシャル・タイムズ」紙（二〇一一年一〇月一七日付）のRachmanの論評があるので、紹介しておきたい。

●米国国民が米国の世界的力が衰退の過程にあることを率直に認められれば、何をなすべきかの議論もより容易に行えるであろう。

●オバマ大統領が「自分の課題は米国をナンバーワンにしておくこと」と言ったのに対して、大統領を批判する者は「衰退論者」として非難した。ハーバード大学教授で米国外交分析の長老ナイは米国衰退論を、米国は日本に追い抜かれるとしたかつての偏執病と同じように単なる知的遊びに過ぎないとしている。

●中国が世界最大の経済大国になるのは視野に入っており、おそらく二〇一〇年代には実現するだろう。
●米国は依然軍事、外交の優位は保つが、中国等の経済力強化は米国に抑制をもたらす。
●衰退の議論を受け入れない者は結局衰退を早める。
●衰退の議論を行わないことは、米国世論を新しい時代に準備できない状態におくこととなる。その際には国内、国外での後退に対する米国国民の対応は冷静ではなく、より怒り、非合理的なものになるだろう。

自衛隊との連携と在日米軍基地の維持

米国が東アジア戦略を根本的に見直さなければならない状況を見てきた。

では、これらが在日米軍基地の動向に今後どう影響を与えていくか。主な考慮要件は次の五つである。
①中国の軍事力の台頭は、今後米国にとって最大の軍事的脅威になる。
②一方で財政負担の増大している米国にとり、東アジア地域で中国に対抗し得る軍事力

の増強は難しい。

③そこで「特定の大国が、想定される敵国が力をつけてくるのを、自分に好意的な国を利用して抑制させる」というオフショアー・バランシングの考え方は従来以上に強力になる。この対象になるのは、日本、フィリピン、ベトナム、豪州である。この中で相応しい軍事力を持てるのは日本、豪州くらいでこの役割は大きく増える。

二〇一一年一二月に日本は次世代戦闘機としてＦ35の購入を決定したが、これについて一二月二一日付「時事通信」は「Ｆ35決定を歓迎＝米国防総省」の標題の下、「国防総省は装備の共通化によって相互運用性を高めるため、日本にＦ35の導入を求めていた」と報じた。わかりやすく表現すれば、米国戦略の実施のために、日本のお金でＦ35を配備させ、自衛隊員を戦闘要員として使い、米国が指揮する体制が強化されたということである。今後、自衛隊を米国戦略の中で使うという動きはますます増強される。

④在日米軍本隊の役割について、中国軍に対峙する必要性は、増している。他方中国軍の質的向上により、在日米軍基地が簡単に攻撃され破壊される可能性が出てきた。後に詳しく説明するが、中国の中距離・短距離弾道ミサイルと巡航ミサイルが在日米軍基地

を攻撃できる能力をつけてきた。その意味で在日米軍基地は中国に近すぎるという脆弱性を持っている。

オバマ大統領は二〇一一年一一月に豪州を訪問。米豪首脳は会談後、豪州北部に米海兵隊を最大二五〇〇人規模で駐留させることを柱とする同盟強化策を発表した。今後も、グアムや豪州等、中国大陸を攻撃の射程距離に収めつつ、中国からの攻撃に対する脆弱性を減少させられる地域に米軍を移動させる動きが出る。

⑤米軍にとっての在日米軍基地の最大の利点は日本政府の財政負担である。日本政府は「思いやり予算」という名目で、基地経費の七五%から八〇%近くまでを補塡している。米国の財政状況が厳しい折、これだけ魅力のある場所はない。たとえば普天間基地にいる海兵隊の米国内の基地は、財政負担の減少により、補修が十分行き届かず荒れた所も出ている。海兵隊が存続する限り、日本に基地を持つことが最も経済的に効率がよい。

こうしてみると米軍の対日政策は明確である。米国はオフショアー・バランシングの観点から自衛隊に役割分担を強く求め、同時に財政的理由により、在日米軍基地を維持する。

第３章　日米同盟は日本に繁栄をもたらしたか

米国の日本経済に対する態度の変化

歴史的に見て、今日の日本の繁栄は間違いなく米国の支援を基礎とした。新幹線や高速道路など重要なインフラに米国主導の世界銀行が融資している。そして、何よりも日本企業は対米輸出を柱に成長の基幹企業は勃興期に融資を得ている。トヨタ、新日鉄など日本を続けた。

しかし、そのことは「米国が〔常に〕日本の経済的繁栄を望んでいる」ということを意味しない。米国の世界戦略の中で、「日本の役割が何であるか、その中で日本の繁栄が米国の利益に合致するか」、それにより米国の政策は変化する。それを常に見極める必要がある。

第二次世界大戦後の日米関係史を紐解いてみよう。

日本の経済力に対応するのに、少なくとも三つの時代がある。第一期が第二次世界大戦終了後の占領期前半で、この時期は日本が再び軍事大国にならないようにするため、日本の経済力を最低に押さえようとした。第二期が冷戦時代に米国が日本を共産主義の防波堤に使うことを決意し、そのためには日本が力をつけることを望み、日本の経済復興を支援した時期。第三期が日本が経済力をつけ、一九八〇年代の後半から日本の経済力が米国に脅威だと見られた時期。
一九四五年九月二日に日本が降伏文書に署名した後、九月二二日付で「降伏後に於ける米国の初期の対日方針」が出される。そこには、「日本軍事力ノ現存経済基礎ハ破壊セラレ且再興ヲ許与セラレザルヲ要ス」「除去セラルベキ日本国ノ現存生産施設ノ終局的処分ニ関シ用途転換、外国ヘノ搬出、又ハ屑鉄化ノ何レトスベキヤハ明細表ニ基キテ決定セラルベシ」とある。さらに、同年一一月にはポーレーを委員長とする賠償委員会の次の声明が出される。

①米国の賠償政策は、日本経済の最低限度を維持するに必要なもの以外は全て日本から除去する。
②「最低限度」とは、日本が侵略した諸国の生活水準よりも高くないことを意味する。
（鈴木九萬一監修『日本外交史26――終戦から講和まで』鹿島研究所出版会）

これが第一期である。しかし一九四七年頃より冷戦が激化する。四八年一月六日、ロイヤル陸軍長官は次の要旨の演説をする（「米国の対日方針に関するロイヤル陸軍長官の演説〈英文〉」日米関係資料集1945―1960、東京大学東洋文化研究所）。

●我々は日本が再び脅威にならないように、日本の経済発展に様々な制限を加えてきた。
●一九四六年の日本経済は一九三〇〜三四年レベルの一八％である。四七年には四〇％になった。
●将来極東で起こるかもしれない全体主義との戦争の脅威に対して、日本が抑止として貢献することのできるよう、自給自足の民主主義を作る目的をもっている。

こうした考え方は米国の主流になる。ソ連の専門家で冷戦時代に影響力を持ったジョージ・ケナンは『ジョージ・F・ケナン回顧録』（読売新聞社、一九七三年）の中で次のように書いている。

「世界の情勢を見渡してみると、この時点におけるわれわれの最大の危険、最大の責任、そして最大の可能性をはらんだ舞台は、西ドイツと日本という二つの占領地域である。（中略）この両国を共産主義の圏外に確保し、その巨大な資力を、建設的な目的のためにフルに活用できるようにすることが是非とも必要であった」

これが第二期である。米国は日本の復興に対し、資金提供し、自由貿易の枠内に組み込み、日本経済を勃興させる。こうして日本国内に「米国は日本の経済的繁栄を望んでいる」という確信を植えつける。

日本経済が米国にとって最大の脅威だった時代

問題はここからである。一九八〇年代後半から九〇年代はじめに、日本の経済力が米国の脅威になる。

一九八〇年代末、米国国民はどの国を脅威と見たか。国民はソ連の脅威を現実のものと感じなくなる。

この時期、米国国民が最も脅威と感じたのは日本・ドイツの経済力である。一九八九年八月七日付「ビジネス・ウィーク」誌国際版は、世論調査結果として「この国（米国）に対する将来の脅威はどちらが深刻か」との問いに、日本の経済的脅威は六八％、ソ連の軍事的脅威は二二％と報じた。また、「どの国が米国に最大の脅威を与えているか」というPEWの調査でも、九〇年五月のソ連に代わり、九二年二月には日本が最大となっている（日本三一％、ロシア〈ソ連〉一三％、イラク一二％、中国八％、イラン七％）。

一九九一年シカゴ外交評議会が実施した米国世論調査の対外脅威認識は**図表8**の通りである。

	一般米国人	米国指導者層
日本の経済力	60	63
中国の大国化	40	16
ソ連の軍事力	33	20
欧州の経済力	30	42

図表8　米国にとっての死活的脅威（単位は％）

米国が「日本の経済力」を脅威と考えた時、日本に工作を仕掛けた。

CATO研究所は一九九二年一二月八日、スタンレー・コバーの「経済スパイとしてのCIA」を発表している。

CIA長官ロバート・ゲーツは、一九九二年四月一三日デトロイト経済クラブで国家安全保障のレビューはインテリジェンスの問題として、国際経済問題の重要性に焦点を当てた。新たな要請の約四〇％が経済問題であると述べている。

一九九二年夏、上院情報委員会は米国企業トップと情報専門家を集めて会合をもった。ここにおいては経済スパイ諜報においての熱意が見られた。ターナー元CIA長官が述べた、「一九九〇年代においては経済がインテリジェンスの主要分野になろう。我々が軍事安全保障のためにスパイするなら、どうして経済安全保障のためにスパイできないのだ」という論は、多くの参加者に支持された。

1990年	金融機関	総資産（億ドル）
1	第一勧業銀行	4,269
2	三菱銀行	4,128
3	住友銀行	4,079
4	太陽神戸三井銀行	4,075
5	三和銀行	4,015
6	富士銀行	3,983
7	Crédit Agricole	3,030
8	Banque Nationale de paris	2,897
9	日本興業銀行	2,892
10	Crédit Lyonnais	2,852
11	Deutsche Bank	2,677
12	Barclays Bank	2,600
13	東海銀行	2,490
14	農林中央金庫	2,489
15	National Westminster Bank	2,335
16	ABN-AMRO Bank	2,327
17	東京銀行	2,225
18	Citicorp	2,148
19	Societe Generale	2,045
20	日本長期信用銀行	2,001

2009年	金融機関	総資産（億ドル）
1	BNP Paribas	29,650
2	Royal Bank of Scotland	27.496
3	Crédit Agricole Group	24,406
4	HSBC Holdings	23,645
5	Barclays	22,349
6	Bank of America Corp	22,233
7	Deutsche Bank	21,623
8	JPMorgan Chase & Co	20,320
9	三菱UFJフィナンシャルグループ	20,258
10	Citigroup	18,566
11	中国工商銀行	17,259
12	ING Bank	16,767
13	Lloyds Banking Group	16,649
14	Banco Santander	16,002
15	みずほフィナンシャルグループ	15,568
16	Group BPCE	14,824
17	Societe Generale	14,751
18	中国建設銀行	14,094
19	UniCredit	13,383
20	UBS	13,002

図表9　世界金融機関ベスト20

日本の銀行はなぜ世界のトップの座から落ちたのか

経済に特化し、問題を見てみたい。

ここで**図表9**を見ていただきたい。

この図表は二〇一一年六月の上智大学公開講座で北山禎介三井住友銀行取締役会長が提示されたものである。

一九九〇年時点で世界の金融機関ベストテンでは第一勧業銀行を筆頭に一位から六位まで日本の銀行が占め、ベストテンに七行も入り、ほぼ独占している。それが約二〇年後の二〇〇九年世界の金融機関ベストテンではどうなっているか。かろうじて第九位に三菱UFJフィナンシャルグループがいるだけである。見事な凋落である。

この凋落には様々な要因がある。ここに問いがある。米国はこの凋落を仕掛けたか否か。

日本の銀行が凋落していく背景にＢＩＳ規制があった。ＢＩＳ規制とは、一九八八年国際決済銀行により定められた銀行の自己資本比率に関する規制（バーゼル合意）である。規制の適用は、一九九二年末からである。

この規制で何が決められたか。バーゼル合意では自己資本比率八％を達成できない銀行は、国際業務から撤退させられることが決められていた。もともと日本の銀行の自己資本比率は低かった。日本の銀行では護送船団方式（経営体力・競争力に欠ける企業が落伍なしに存続できるように、行政官庁がその許認可権限などを駆使して業界全体をコントロールしていく）がとられ、倒産の危険は少なかった。しかし、ここで、銀行の安全性という名目のため、自己資本比率八％が求められた。

ここから銀行がとった策は二つ。一つは自己資本を拡大すること、一つは貸出額を縮小すること。

この間の事情は徳田博美大蔵省元銀行局長の論評「ＢＩＳ規制は妖怪、見直せ」（一九九二年七月四日「週刊東洋経済」掲載）が詳しい。

●BIS規制の導入によって日本の銀行は量的拡大による収益極大化から一八〇度転換した。銀行は自己資本の伸び以上に貸し出しを伸ばしてはならない、したがって預金もむやみにとれないということである。
●BIS規制の基準を満たすため、銀行によって、自己資本の増加を図るための増資も推進されている。一九八〇年代の後半には一〇兆円に近い異常とも言える大幅な増資が行われた。このことが尾を引いて現在の証券界の不況の一因ともなっている。
●この規制が早急に取り決められることになった実際の理由は、銀行システムの健全性と安定性の強化に資するという表面的な謳い文句とは異なって、日本の金融機関の海外におけるオーバープレゼンス（過大な活動）問題であった。たとえば一九八七年七月、ボルカーFRB（米連邦準備制度理事会）議長は「自己資本比率規制に関する合意は、日本の銀行との競争において、米国の銀行が不利な立場にあると考える多くの米銀の懸念を和らげるものになるだろう」と述べている。つまり、BIS規制が決められた直接の経緯は、日本の金融機関の海外におけるオーバープレゼンスの抑制が最大の契機になっていると思われる。
●BIS規制でもう一つの、しかし極めて大きな問題は、経済政策との関連である。この規制によれば金融機関の貸し出しの伸び率が、自己資本の増加率によって規制される。そのため現行の日本の金融システムにおいて、メインストリームとなるのは依然大銀行である。逆にこれらの大銀行を流れる金融の量が相対的に低下することは、金融政策の効率化からいっても好ましいことではない。

ＢＩＳ規制で起こったことは次のようなことだ。

ＢＩＳ規制
→貸し渋り、貸し剥がし→企業活動停滞、倒産→銀行資産減少
→自己資本拡大→株式市場の資金枯渇→銀行資産減少

小川一夫・大阪大学教授の『失われた一〇年の真実』（東洋経済新報社、二〇〇九年）は「銀行の貸し出し残高が１９９０年度末には５１５兆円、２００４年度には４１５兆円に減少していることおよび各種指標の検討を行った後、90年代以降の貸し出し量の減少は、銀行の貸し出し供給の減少を反映していると考えることができる」と記述している。

そして、こうした銀行の動きについて、徳田博美大蔵省元銀行局長は実質的に「ＢＩＳ

規制導入は日本の銀行との競争において米国の銀行が優位に立つため」だったと述べている。

二〇年の間に、世界の金融機関ベストテンを日本の銀行が占めていた状況から一変したのは偶然ではない。米国の意図が反映している。

これを見れば、日本が米国との関係を密接にするよう努力すれば、米国は日本に「常にプラスのことを行う」という考えがいかにナイーブ（世間知らず）かがわかる。

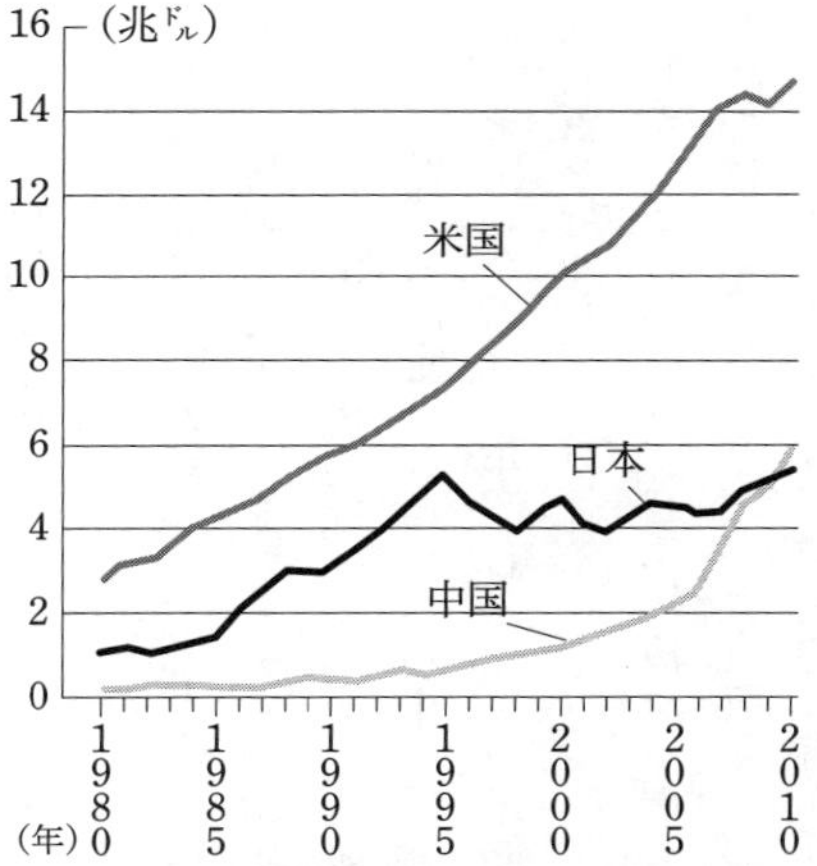

日本と米国の2010年はIMFの予測値。中国の2009年と10年は中国政府の発表値

図表10　日米中３国の名目ＧＤＰ推移

（2011年1月20日asahi.com「中国、GDP世界2位へ」より）

米中の成長と日本の低成長

ＧＤＰの推移を見てみよう（**図表10**）。一九八〇年以降、米国の名目ＧＤＰは上向きで推移している。しかし一九九五年以降、日本のＧＤＰは単なる横ばいである。

さらに日本の対米輸出を見てみた

い。すでに第1章の図表7で、一九九五年から今日まで対米輸出が横ばいであるのを見た。

外交・安全保障分野では一九九〇年代前半から、急速に対米従属が始まる。九五年、秋山昌廣防衛局長がジョセフ・ナイ国防次官補（国際安全保障担当）と密接な協議の上で策定した日米の緊密な協力関係を唱える「平成一七年度以降に係わる防衛計画の大綱について」が閣議で決定された。九六年、橋本首相、クリントン大統領は「日米安全保障共同宣言」を出した。九七年、日米は「日米防衛協力のための指針（ガイドライン）見直し」の共同発表を行った。

しかし、この時期、日本経済は停滞している。それは何も米国経済が同じように停滞した訳ではない。しかし、一九九五年からの日本の対米輸出を見ても、日本は米国経済の伸びから遮断されている。結論的に言えば、為替操作により、日本の輸出産品の競争力を常に喪失させる力学が働いていた。

「緊密な日米関係が日本の発展に不可欠である」。この一見もっともらしい結論は、こうして歴史的検証を重ねると事実でないことがわかる。我々は思いこみから覚醒する必要がある。

日本が全面的に米国に依存する体制の背景には、第二次世界大戦以降、米国が東アジアを最も重視してきたという事実がある。

しかし、本書で何度も言及しているように、いまでは中国が台頭してきた。当然、米国は東アジアで最も重視する国を日本から中国に移し変える。第二次世界大戦から今日まで続いた日本の環境は一変しつつある。この状況の中で日本はどう生きるべきかが課題となる。

第4章　中国の軍事戦略

中国は大中華帝国の再興を望んでいるのか

中国の軍事について、最も多くの著作を出された人に平松茂雄氏がいる。防衛省防衛研究所に勤め、後、大学教授に転出した。彼の著作に『日本は中国の属国になる』（海竜社、二〇〇九年）がある。ここで彼は次の論を展開している。

●中国の国家目標は、清朝最盛期の版図を念頭においた大中華帝国の再興であり、それを具体的に表すと「アメリカに侮られない国になる」ということと、「台湾を解放する」ということになる。

●中国を訪問したキーティング米国太平洋司令官が米国議会で、中国海軍の司令官から「将来、中国と米国がハワイで太平洋を二分する」と太平洋分割案を提示されたことを明らかにした。

この論をどう見るか。筆者には右の論が今日の中国政府の指導原理であるとは思えない。

清朝最盛期の版図を考えてみよう。ビルマ王国、シャムも勢力圏に入れている。今日の

ＡＳＥＡＮ諸国のいくつかが清朝の勢力圏である。今日の中国の対外政策を見れば、ＡＳＥＡＮ諸国を主権国家として扱い、これとの友好関係を構築することを考えている。「中国の国家目標は、清朝最盛期の版図を念頭に」という論は現在の中国の対外関係の姿勢について誤解を与える説明であると思う。

第１章で中国の輸出相手国から見えるものを記した。輸出相手国から考える中国にとって最も重要な地域は、ＥＵであり、米国であった。この関係を最優先にする。武力的な手段によって、露骨にかつての版図を自国の領域にする行動は、米国・ＥＵの猛反発を受ける。

設問を「ＡＳＥＡＮ諸国と中国との関係で、ＡＳＥＡＮ側が自らの意志で中国との密接な関係を樹立する方向に動くか」と変えれば、答えは「イエス」である。ＡＳＥＡＮ諸国は強大化する中国経済と密接な関係を作ることを自ら求める。

ＡＳＥＡＮは次第に中国の勢力圏になる。この地域での米国の影響力は後退する。この現象は起こる。しかしそれはＡＳＥＡＮ諸国が自ら望む選択であり、武力的な強制力によるものではない。二〇一一年一一月一八日、GALLUPはアジア各国が米国リーダーシップと中国リーダーシップの容認度（％）を示す調査報告（"U.S. Leadership Approval Ratings Top China's in Asia"）を発表したが、これらを各国別に米中の順で表記すると豪州（五六：二三）、韓国（五七：三〇）、フィリピン（六三：三六）、タイ（四四：三一）、インドネシア（三二：二四）、インド（一六：一〇）、ベトナム（二一：二二）、マレーシア（三八：四二）となっている。すでにベトナム、マレーシアが米国より中国の方を肯定的に見ている。インドネシアも接近してきている。ＡＳＥＡＮにおいては今後ますます中国の指導力を容認する流れが強まる。それは密接な経済的結びつきから当然発生する現象である。

中国学者の説く中国の戦略

中国は、安全保障に関する戦略を、対外的に明確に発表していない。この中で王緝思・北京大学国際関係学院院長は「フォーリン・アフェアーズ」誌二〇一一年三・四月号で「大戦略を模索する中国」を発表した。王緝思は学者としての威信をかけてこの論文を書いたと見られる。次に要点を記述する。

●いかなる国にとっても「大戦略」は、少なくとも次の三つの質問の答えを明確に踏まえたものでなければならない。中核的国益は何か。それを脅かす外部勢力は何か。そして、中核的国益を守るために指導者に何ができるか。

●中国の指導者たちの歴史認識の特徴は、外国の脅威によって国内の争乱が作り出されることを常に警戒していることだろう。古代以降、中国の体制は、多くの場合、内的な争乱と外からの侵略の組み合わせによって崩壊してきた。そのため、指導者たちの脳裏から国内混乱に対する懸念が消えたことはない。

●北京は主権、治安、開発を中国の主要な目的に掲げている。台湾の公的な分離独立といった深刻な脅威によって、中国共産党の指導体制や国家の統合が脅かされない限り、北京は今後も、経済・社会領域での発展と開発に努め、外交政策はこの枠内でとらえようとするだろう。

●これまで人気のあったのは、中国にとっての主要な脅威としての米国に焦点を当てた戦略路線だ。

●米国を中国の主要な敵と見なす認識を基盤とする大戦略を考案するのは非現実的だし、危険に満ちている。

●二〇〇六年に、中国共産党中央委員会は、中国の外交政策を「経済建設を中枢に据えた国内努力と密接に連動させることで、国内と国際状況をうまく調整して促進しなければならない」と指摘している。

王緝思の説明の中で注目を引くのが、「中国の指導者たちの歴史認識の特徴は、外国の脅威によって国内の争乱が作り出されることを常に警戒している」との点であろう。中国は内部崩壊とこれへの外国の関与に強い警戒心を持っている。

王緝思はさらに「主権、治安、開発という中核的利益そのものが衝突することがある以上、これに応じて、すっきりとした外交を束ねる統合原則を導き出すことは容易でない」と記述している。そして、王緝思の考え方と異なる勢力として、米国を敵として位置づけるグループ、「南シナ海や北朝鮮に中国は中核的利益を有する」とするグループ、中国の目的は「米国に代わって世界最強の軍事パワーになることでなければならない」と述べる、人民解放軍の国防大学で教える劉明福上級大佐らの存在を指摘している。

王緝思的考えは、現時点で中国の主流と言える。しかし、この考え方で中国の戦略が固定された訳ではない。将来、劉明福上級大佐のような、一段と攻撃的な戦略が出て来る可能性もある。

重要なのは、現在中国で主流の地位を得ている王緝思的考えは我々にとって望ましい考えであると認識することである。西側諸国としては、この考え方の人々と手をつなぎ、中国国内で、このグループの発言力が増す環境を作ることが、結局は自己の利益につながる。

劉明福上級大佐のような勢力はどういう時に力を拡大できるか。「中国は敵対的勢力に取り囲まれている」と主張し、その根拠を指摘できる時である。我々は「自らの安全保障環境をより強固なものにするため」と思ってとった政策が結果的に、劉明福上級大佐のような人物の発言力を高め、その結果自らの安全保障環境をかえって不安定なものにする危険性に十分配慮しなければならない。

米国国防省が分析する中国の戦略

米国国防省は毎年議会に中国の軍事力について報告書を提出している。二〇〇九年は以下のような分析を行った。

●中国共産党の体制としての生き残りと永久化が中国指導者の戦略的見方を形作り、彼らの選択を生み出す。

●共産党のイデオロギーは国民を統一し、政治的支援を得る役割を果たし得ず、その代わりとして、党指導者は政権の正当性を経済的成果とナショナリズムにおいている。

●しかしながら、そのどちらもが政治的支配を揺るがす危険性を持っている。たとえば中国指導者は世論を操作し、国内の批判をそらし、外交を支えるため、愛国主義的感情を煽ってきたが、世論がいったん盛り上がるとコントロールするのが難しく、その矛先が簡単に国家に向けられることを認識している。
●中国経済が拡大するにつれ、海外市場と、金属や化石燃料を中心とする資源へのアクセスへの依存が増え、これが中国の戦略的行動を形作る重要な要素となっている。このことは中国の発展に導く環境を維持するため、大国を中心とする緊張関係をコントロールすることに集中していく。
●唐家璇元外交部長は「主要な国際紛争の焦点になることを避け、我が国の発展への圧力と障害を減じ、発展の目標を達成するに望ましい環境を作るため最大限の努力をすることが必要である」と述べている。

この報告書は極めて興味ある分析をした。中国共産党は党がどう生き残るかで軍事戦略を決める。国民は共産主義イデオロギーをもはや信じない。過度にナショナリズムを煽ると、矛先が共産党に向かってくる。政権は国民の生活を向上させることで支持を得ている。そのためには輸出市場を確保する必要がある。ここから、米国国防省の『中国の軍事力』は「中国は西側との協調路線を取らざるを得ない」と説く。

米国国防省は二〇一一年にも同様の報告書を作成している。

●近い将来に関しては、中国共産党は米国及び中国の隣国との安定的関係を保つことが国家の安定のため不可欠であり（大国化への）機会を最大限にするため必要である。北京が国益を害されると見なしたり、世論の期待に応えざるを得ないと判断した時には、中国の経済力と軍事的自信と能力は、より自己主張する形で言葉に表し行動する。

●二〇一一年三月三一日発行の『中国国防白書』では、①国家主権を守る、②社会的調和と安定を維持する、③軍の近代化を進める、④平和と安定を維持する、を四つの国防目標としている。

米国国防省の『中国の軍事力』は中国を危険な存在と位置づけ、万全を尽くしてその危険を押さえるべきだというような論は展開していない。むしろ中国を西側との協調を志向する国との位置づけを行っている。

尖閣諸島問題を米国国防省はどう見たか

米国国防省の分析を基礎に日本の安全保障を考えてみよう。

報告書では、「近い将来に関しては、中国共産党は米国及び中国の隣国との安定的関係を保つことが国家の安定のため不可欠」であると分析している。この分析が正しければ、日本は安心していられそうである。

同報告書は同時に、「北京が国益を害されると見なしたり、世論の期待に応えざるを得ないと判断した時には、中国の経済力と軍事的自信と能力は、より自己主張する形で言葉に表し行動する」と分析している。かつ同年三月の『中国国防白書』では「国家主権を守る」を最重要な国防目標にしている。

ここに尖閣諸島の複雑さがある。

中国は「尖閣諸島は中国の領土である」という立場である。一九九二年二月、中国第七期全国人民代表大会常務委員会第二四回会議で「中華人民共和国領海および隣接区法」は「台湾及びその釣魚島を含む付属諸島は中華人民共和国に属する島嶼《とうしょ》である」と明文化した。

尖閣諸島（釣魚島）は、中国の立場から見れば、自分の主権の及ぶ範囲にある。中国が尖閣諸島に関し、「自己主張する形で言葉に表し行動する」ことは、中国の戦略上十分ありうる。

現に二〇一〇年一〇月二七日付「香港時事」は次の報道を行っている。

「二七日付の中国系日刊紙・香港商報によると、中国軍系の学術団体・軍事科学学会の副秘書長を務める羅援少将はこのほど、尖閣諸島に関し、かつての最高実力者、鄧小平氏が

『論争を棚上げし、共同開発する』との方針を示したことについて、『論争は棚上げできるが、主権は棚上げできない。主権は明確にしなければならない』と強調した」

羅援少将は「朝日新聞」(二〇一一年三月六日付)とのインタビューで、「鄧氏は当時から『主権は中国にある』という点を強調していた」と述べている。

留意しておかなければならないのは、米国は「尖閣諸島の領有権に関し一貫して、日中いずれの側にもつかない」という立場にあるということだ。したがって米国は、中国が尖閣諸島を自国領とする法律を作っても、特に抗議した訳でない。

米国学者の説く中国の戦略

米国で最も権威ある外交問題の研究機関は米外交問題評議会である。研究機関Erdos & Morganは米外交問題評議会が発行する「フォーリン・アフェアーズ」誌について、二〇〇二年から〇六年の毎年、「新聞を含む米国の印刷メディアの中で最も影響力がある」と評価した。したがってその会長は歴代、政府、学界双方に通じた有力者が就任している。現在この名誉会長はレスリー・ゲルブである。ゲルブは国務省次官補、国防省政策企画部長を務め、安全保障問題の大家の一人である。

彼は、「フォーリン・アフェアーズ」誌二〇一一年一月号の「地政学の中枢は軍事から経済へ」と題する論評で次のように記している。

「現在のグローバル化は先のグローバル化（一八八〇年から一九一四年まで続いた最初のグローバル化の時代）とは三つの重要な意味で違っている。かつてのドイツ帝国とは違って、中国が略奪者として振る舞い出す可能性は低いし、現在の主要国と新興国が相互に戦う可能性もほとんどない。つまり、世界各国は、これまでのような軍事的懸念にとらわれることなく、経済利益を模索できる環境にある」

「北京は何を犠牲にしてでも経済成長を維持しなければならない状態にある。中国の民衆の半分は依然として貧困ライン以下の生活を余儀なくされており、社会情勢は不安定で、革命が起きる危険もある。こうした不安定な環境にあるために、中国共産党は『権力を維持するには、経済成長を持続させるしかない』と考えている」

この判断はすでに見た米国国防省の判断、「中国経済が拡大するにつれ、海外市場と、金属や化石燃料を中心とする資源へのアクセスへの依存が増え」るにつながる。

ここで米国、中国、日本、ＥＵのＧＤＰ、輸出金額、ＧＤＰに対する輸出金額比率を見てみたい（**図表11**）。

中国の輸出金額はＧＤＰの二六・六％にも達している。この数字を見ると、いかに今日の中国経済が輸出に依存しているかがわかる。この状況を見れば、冒険的対外政策をと

国名	GDP (10億ドル)	輸出金額 (10億ドル)	GDPに対する 輸出比率(%)
米国	14527	1278	8.8
中国	5926	1577	26.6
日本	5459	767	14.0
EU	16248	1785	11.0

図表11　GDPに対する輸出金額比率（2010年）
(JETRO資料より作成)

り、自国の輸出市場を失うことを避ける必要性は他の国に比べても高いことがわかるだろう。

米国国防省や、米国の有力学者は決して「中国の脅威」だけを論じていない。この点は、中国を論ずる時、ほとんどの人が「中国の脅威」を当然視して述べる日本とは様相を異にしている。

現在米国は、中国の軍事力増強を注意深く観察しつつ、しかし政策としては協調路線を追求している。この政策は「中国は経済発展するには、外国との協調を必要としている」という米国国防省の『中国の軍事力』やゲルブ米外交問題評議会名誉会長らの考え方を基礎としている。

中国の海洋戦略

近年中国海軍の増強は著しい。日本にも極めて関心が高い分野であるので、米国国防省『中国の軍事力』

の記述を見てみたい。

●一九八〇年代半ば、中央軍事委員会は「近海防御」と呼ぶ海軍戦略を承認した。「近海防御」は中国海軍に対し次の任務を与えた。

・敵を一定限度に留め、海からの侵略に抵抗する。

・国家の領土主権を守る。

・祖国の統一と海洋権益を守る。

●黄海、東シナ海、南シナ海を含むいわゆる「近海」は中国海軍の主要な焦点である。

●中国の経済的、外交的利害が近海を越えることを反映し、中国軍はフィリピン海、及びそれを越えての遠海に軍事的任務を遂行し始めた。

●中国高官は中国の経済的政治的力は海洋へのアクセスを必要としており、海軍はこのアクセスを確保するために必要であると主張している。

●中国本土からはるか離れた地域の任務について論議はあるが、海軍は第一次列島線と第二次列島線内の任務に焦点を当てている（**図表12**）。

この第一次列島線、第二次列島線をめぐる動きは様々な解釈が行われ混乱しているの

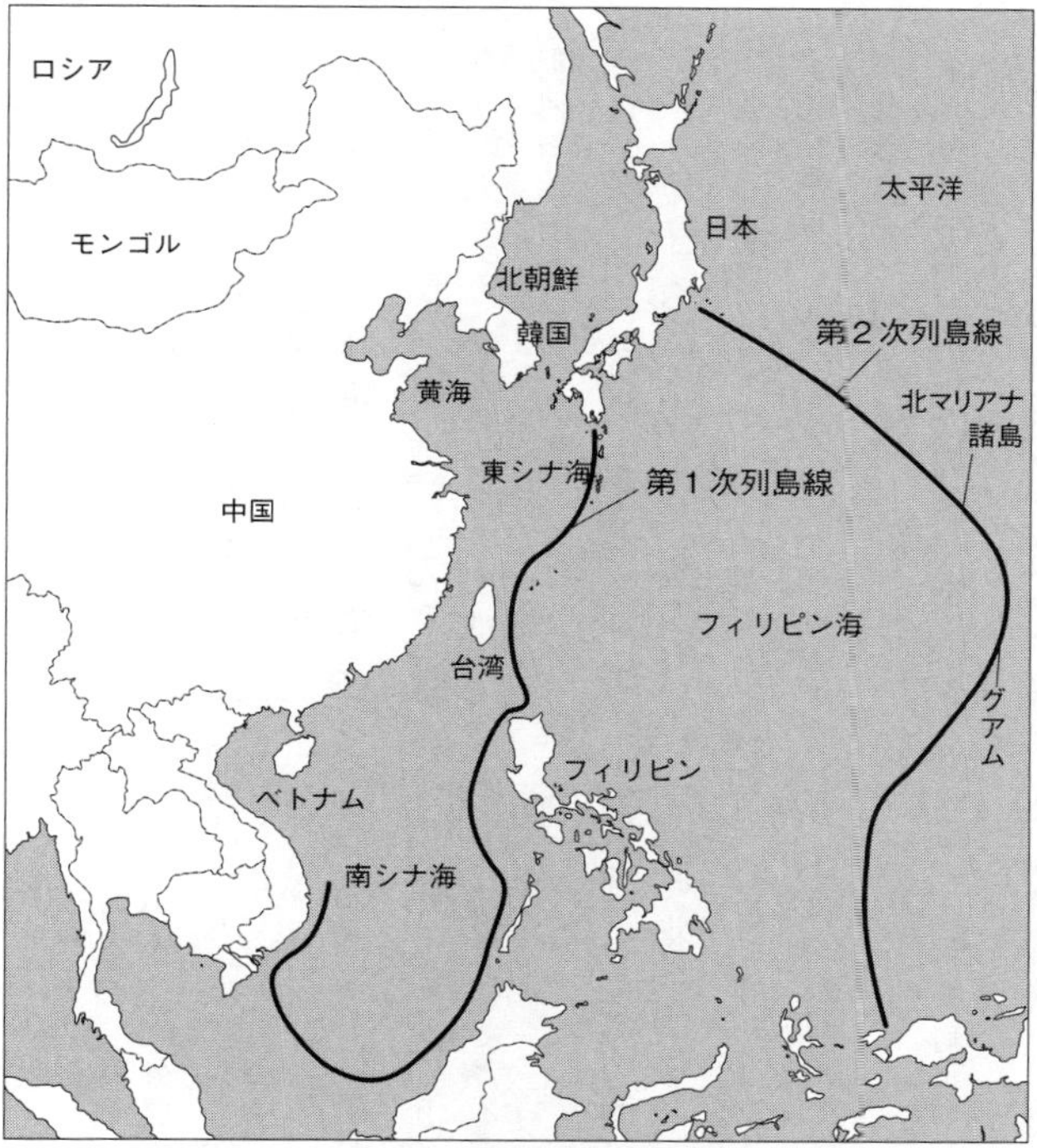

図表12　中国の第1次列島線　第2次列島線

Military and Security Developments Involving the People's Republic of China 2011, office of the secretary of Defense

で、整理したい。

第一次列島線は二つのケースで使われる。第一に、米国等が中国を第一次列島線内に封じ込めるために使用された。中国からすると、この第一次列島線を突破する必要がある。

この点に関し二〇一〇年八月七日付共同通信は「中国軍、第一次列島線突破を断言　海上摩擦増加も」と題し次のように報じた。

「中国国防大学の戦略研究所所長を務める楊毅少将は7日までに、中国メディアに対し『中国の海洋進出は必然で、どんな包囲網も海軍の歩みを阻止できない』と述べ、沖縄、台湾、フィリピンを結ぶ『第一次列島線』に沿った米軍による海上包囲網を突破する考えを明確にした」

「羅援少将も同紙（国際先駆導報）に『第一次列島線を中国台頭の障害にさせない』と強調し、『中国の国家利益が及ぶ海域はどこでも海軍が保護するべきだ』との認識を示した」

「同紙（国際先駆導報）は、中国海軍艦隊が三、四月に沖縄と宮古島の間の宮古水道を通過し、軍事演習を実施したのは、『日米に対し中国海軍に列島線の概念はないことを示す狙いがある』と解説した」

米国等が中国を第一次列島線内に封じ込める、これに対し中国が抵抗するという戦いがある。

一方で、中国側は第一次列島線内を中国の権益としてこれを守るという概念がある。山内敏秀氏は茅原郁生編『中国の軍事力』（蒼蒼社、二〇〇八年）に掲載の論評「中国の海洋力と海軍の将来像」の中で第一次列島線と第二次列島線の違いについて、次のような説明を行っている。

●中国海軍の戦略の原点は、毛沢東の「一百多年来、帝国主義侵略我国、大都是従海上来的（一〇〇年以上にわたり、帝国主義による我が国への侵略は、すべて海上からやってきた）」という歴史観に基づく脅威認識であり、「我們一定要把我国海岸線構成海上長城（われわれはわが国の海岸線に海上の長城を築かなければならない）」と毛沢東が主張したように「国門」としての海岸線の防衛にあった。

●一九八二年に近海防衛戦略が策定された。

●「改革・開放」政策により、海洋は単に「国門」を防衛する第一線ではなく、経済発展の場と認識されるようになる。これに伴い、劉華清が主張したように海軍の役割は海洋事業の発展と関連づけられ、海軍の包括的任務として従来からの侵略の抑止防衛に、領海主権の保護護衛、海洋権益の維持、海上資源の開発利用が加えられた。これにより対ソ脅威認識から策定された近海防衛戦略は見直され、三〇〇万平方キロの海洋管轄権の維持がその中心に据えられることとなった。

●再検討された近海防衛戦略における近海とは、中国海軍関係者の発言を総合すると中国が設定した第一次列島線の内側を指すと考えられる。中国海軍は第一次列島線はカムチャッカ半島から、千島列島、日本、南西諸島、琉球列島、台湾、フィリピン、大スンダ列島を繋ぐ線である。

●第一次列島線の内側である近海においてシーコントロールを維持し、第一次列島線と第二次列島線の間ではシーディナイアルを企図していたとベルナルド・コール（現在はNational War Collegeの教授で中国海軍研究の第一人者）は指摘する。

●シーコントロールとは「特定の場所において、特定の期間、自己の目的を達成するために自由に海洋を利用し、必要な場所において敵が海洋を使用することを拒否するという環境」と理解すれば、中国は経済発展のため三〇〇万平方キロの海域において他国の利用を拒否し、自国の排他的使用を意図していると考えることができる。一方、シーディナイアルはシーコントロールにおいて敵の海洋利用を拒否することとは異なり、「我が方がある海域を利用する意志または能力を有しないが敵が当該海域をコントロールすることを拒否する」ことである。

コール教授は第一次列島線と第二次列島線の違いを明確に認識している。第一次列島線内は自分のものとするが、第二次列島線内は相手（米国）が自分のものとするのは許さないと判断している。

日本においては、「中国が第一次列島線に期待する役割を第二次列島線にも与えている」と割り切って論じている。

筆者はコール教授の説明が正しいと思う。中国海軍は活動範囲を拡大している。従来第一次列島線内に限定された活動を第二次列島線内も含め、活動の範囲を拡大している。しかし目的は異なる。中国海軍が第一次列島線内で求めるものと、第二次列島線内に求めるものとは異なる。中国は第二次列島線内で排他的な権利を求めている訳ではない。

空母開発の狙い

二〇一一年八月一〇日付「アサヒ・コム」は「中国初の空母ワリャークが大連港出港試験航行を開始」の標題の下に、「中国軍が遼寧省の大連港で改修していた旧ソ連軍の空母ワリャーク（約6万7000トン）が10日朝、初めて出航した。近くの渤海湾周辺で試験航行を行う。中国にとって初の空母で、東アジアで唯一の保有国となる」と報じた。また、二〇一一年米国国防省『中国の軍事力』は「〔ロシアの空母〕クズネツォフ Hull-22

〔最大で約六〇機――固定翼機四八機、回転翼機一二機――の搭載が可能〕と同様の空母が二〇一一年はじめに建設が開始される可能性がある。その場合には中国海軍は一五年にも国産空母を持つことになる」と記述している。

一方で、空母に対するミサイル開発が進み、空母の脆弱性が次第に注目を集めている。二〇一一年二月一九日付「読売新聞」は「『環球時報』は18日、軍事専門家の話として、中国軍が開発を進めてきた新兵器、対艦弾道ミサイル『東風（DF）21D』の配備をすでに始めたと伝えた。DF21Dは射程距離約2000キロで『空母キラー』と呼ばれ、米空母戦闘群の西太平洋からの接近阻止を戦略目標とする中国軍の切り札」と報じた。当然、米国側には中国の空母に対する、より高度な対艦弾道ミサイルが存在する。こうして大国間同士では、空母の純軍事的な貢献が次第に疑問視されている。このような事情も反映して、二〇一一年一〇月八日付「時事ドットコム」は「虎の子空母もリストラ検討＝『ジョージ・ワシントン』対象―財政赤字で逆風・米海軍」と報じる事態に至っている。

米中双方が対艦弾道ミサイルを開発している時に、実戦で空母がどれくらい貢献するか疑問である。しかし、空母の配備が持つ政治的意味合いは大きい。

中国の空母の配備は、中国海軍が、第一次列島線の範囲を越え、第二次列島線の方向や、さらに東南アジア、インド洋などに展開していく兆候を示している。

危機時における空母の配備は政治的には極めて強いメッセージになる。尖閣諸島や南沙諸島等で、事態が緊迫し、紛争が予測される事態を想定してみよう。ここに中国の空母が現れたとしよう。その時、政治的インパクトは強い。周辺国は軍事的に空母の排除ができない。中国は空母を配し、日本や、フィリピン、ベトナムに政治的決断を促すことができる。

第5章

日本には中国との紛争を軍事的に解決する手段はない

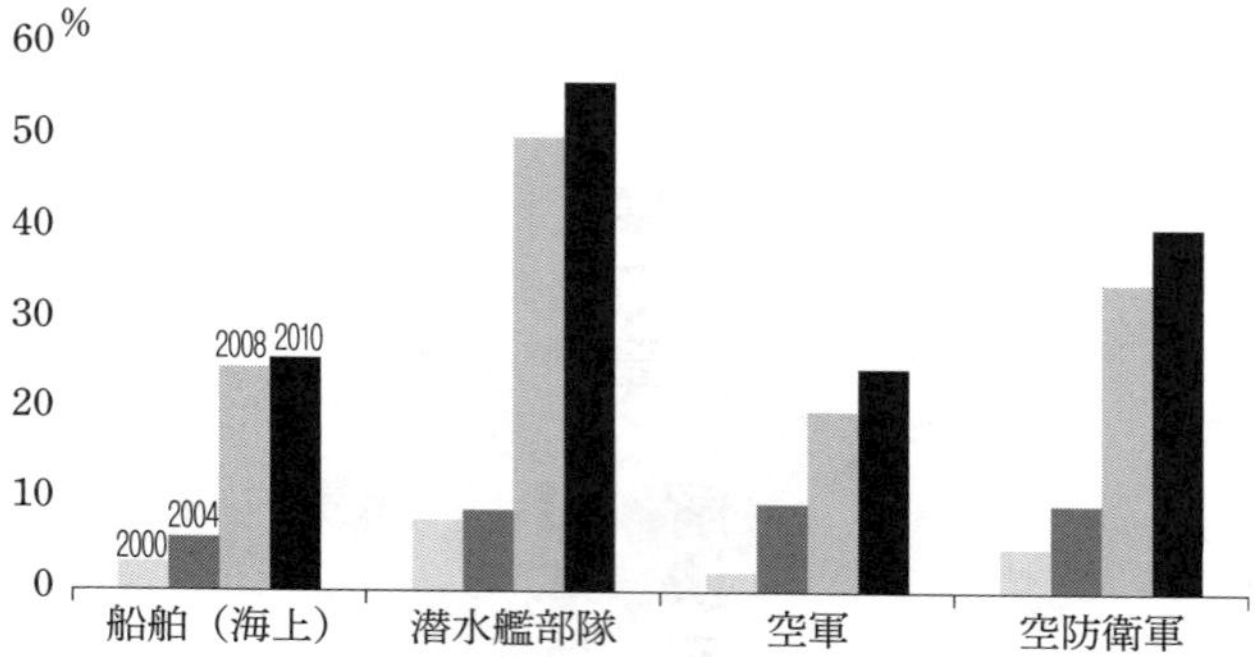

図表13　中国軍の近代化（率）
(Military and Security Developments Involving the People's Republic of China 2011より)

自衛隊独自では中国軍に対抗できない

日本と中国では軍に対する対応が全く異なる。日本は軍事費支出が低い。軍事費はＧＤＰ比一％、約四・八兆円（二〇一二年度予算の概算要求は四兆六九〇六億円）程度で推移している。他方中国は軍事を重視する。前述のように、米国国防省の『中国の軍事力』は中国国防費を約一六〇〇億ドルと推定している。少なくとも一二兆円くらいになる。現時点で軍事費は日本の一に対し中国は三近い差がある。

中国軍はいままで兵器の量は多いが質が劣る問題を抱えていた。しかし、この分野でも中国は急速に近代化を図っている。米国国防省の『中国の軍事力』の図表（**図表13**）を見ていただきたい。二〇〇〇年代に入り、軍の近代化率が急速に上がってきているのがわかる。

空軍力		
	中国（内、射程内配備）	台湾
戦闘機	1680（330）	388
爆撃機	620（160）	22
輸送機	450（ 40）	21

海軍力		
	中国	台湾
駆逐艦	26（16）	4
フリゲート艦	53（44）	22
揚陸艦	27（25）	12

図表14　中国・台湾の軍事力比較

装備面で日中の格差は八倍から一〇倍に拡大していく。日本が中国の装備に追いついていくためには将来少なくともＧＤＰの八〜一〇％の支出を覚悟しなければならない。日本にその用意はない。それは必然的に、日中間に圧倒的な軍事力の格差が出ることを意味する。

また、尖閣諸島周辺の日中軍事バランスを考えるのに、台湾と中国の軍事バランスが参考になる。米国国防省の『中国の軍事力』の図表を見ると、中国軍が台湾軍に対して圧倒的に優位にあることがわかる（**図表14**）。

図表15、**16**は中国のミサイルの状況を示している。図表15は二〇一〇年で推定される数、図表16は二〇二〇年の時点で推定される数である。

重要な点は、中国は各タイプのミサイルを保有している点であり、量は保有の意志さえあれば比較的

種類	ミサイル数	発射装置数	射程距離（km）
ICBM	50〜75	50〜75	5400〜13000
IRBM	5〜20	5〜20	3000
MRBM	75〜100	75〜100	1750
SRBM	1000〜1200	200〜250	300〜600
GLCM	200〜500	40〜55	1500

図表15　2010年時点推定の中国のミサイル戦力

（Military and Security Developments Involving the People's Republic of China 2011 より）

ミサイル名称	種類	ミサイル数	推定射程距離（km）
東風31号A	ICBM	30	12900
東風31号	ICBM	30〜50	7250
東風X	IRBM	50〜100	3000
東風21号	MRBM	250〜300	1770
東風15号	SRBM	1000〜1500	600
東風11号	SRBM	1000〜2000	300
巨浪２号	SLBM	60〜100	8000
巨浪１号A	SLBM	10〜20	2000

図表16　2020年の中国のミサイル戦力

（茅原郁生編『中国の軍事力』蒼蒼社、2008 年より）

	中国海軍	海上自衛隊
弾道ミサイル原潜	2	0
戦術原潜	5	0
通常動力潜水艦	55	15
駆逐艦	26	44
フリゲート艦	47	9
揚陸艦	26	3
ミサイル艦	42	9
哨戒艇	174	9
掃海艦艇	23	29

図表17　日本と中国の海軍力比較

（かの・よしのり『中国軍vs自衛隊』並木書房、2007年より）

容易に増強できるということである。

この中で巨浪2号が二〇二〇年のミサイル数として六〇~一〇〇推定されているのが注目される。巨浪2号は、潜水艦発射弾道ミサイルであり、太平洋の深海に位置する潜水艦からの発射が想定されるからだ。この配置をめぐり米国が追跡し、中国は追跡を逃れるという激しい攻防戦が展開されていくこととなる。

すでに日中では海軍力についても差がつき始めている（図表17）。

二〇一一年度以降の防衛大綱別表は護衛艦四八隻、潜水艦二二隻としている。

二〇一一年九月に米国は、台湾が現在所有している戦闘機の性能を向上させることに合意したが、それに関連して九月二八日「読売オンライン」は「米司令官『中国優位の軍事バランス変わらず』」の標題の下、「ウィラード米太平洋軍司令官は27日、ワシントンで記者会見し、米国から台湾への武器売却が中国優位の台湾海峡の軍事バランスを『変えることはない』と述べ、弾道ミサイル、戦闘機、ミサイル防衛能力の戦力で中国が優位に立つ現状を変えるものではないとの認識を示した」と報じている。

米国は中国と台湾との軍事比較において、中国が台湾に対して優位に立っていることを認めている。

ではこの中国と台湾の軍事バランスが日本にどのような影響を与えるのか、考えてみよう。

尖閣諸島は台湾の近辺にある。日本が尖閣諸島で中国軍と軍事衝突をする際には、中国は台湾を念頭に配備されている中国軍を活用できる。少なくとも戦闘機三三〇機、駆逐艦一六隻、通常動力潜水艦五五隻を中国は動かせる。自衛隊にはとてもこれに対抗できる力はない。

日本の多くの人は十分に認識していないが、尖閣諸島近辺で日中間の軍事衝突が起こった時に、日本が勝つシナリオはない。

中国が尖閣諸島を占拠しても、米軍は出てこない

尖閣諸島周辺では、中国軍が自衛隊よりも強力であることを見た。

では、尖閣諸島周辺で日本と中国が軍事的に衝突した際に、米軍は出てくるのであろうか。

まず、軍事的に見てみたい。二〇一〇年一〇月三日付「産経ニュース」は「日米軍事演習で〔尖閣奪還作戦〕中国の不法占拠想定」の標題で次のような報道を行った。

●日米両防衛当局が、一一月のオバマ大統領の来日直後から、米海軍と海上自衛隊を中

心に空母ジョージ・ワシントンも参加しての大規模な統合演習を実施することが明らかになった。
●第一段階では、尖閣諸島が不法占拠された場合を想定。日米両軍で制空権、制海権を瞬時に確保後、尖閣諸島を包囲し中国軍の上陸部隊の補給路を断ち、兵糧攻めにする。
●第二段階は、圧倒的な航空戦力と海上戦力を背景に、日米両軍の援護射撃を受けながら、陸上自衛隊の空挺部隊が尖閣諸島に降下し、投降しない中国軍を殲滅する。
●演習は大分・日出生台演習場を尖閣諸島に見立てて実施するが、豊後水道が手狭なため、対潜水艦、洋上作戦は東シナ海で行う。

一見、この作戦は成功しそうな雰囲気を持っている。しかし、実際は実行不可能である。

この作戦は「第一段階では、日米両軍で制空権、制海権を瞬時に確保」することを前提としている。すでに見たように中国は台湾関連で、この地に戦闘機三三〇機、駆逐艦一六隻、通常動力潜水艦五五隻を動かせる。そうした状況で、「日米両軍で制空権、制海権を瞬時に確保」するというのはあり得ない。

事態はさらに深刻である。

二〇一〇年一一月四日付「ワシントン・タイムズ」紙は「中国のミサイルは米軍基地を破壊できる」の標題で「八〇の中・短弾道弾、三五〇の巡航ミサイルで在日米軍基地（嘉手納、横田、三沢）を破壊できる」と報じた。いかに優秀な戦闘機を持っていても、中国の中・短弾道弾、巡航ミサイルによって基地の滑走路を破壊されれば、戦闘機は機能しない。中国が尖閣諸島を軍事的に奪取しようとした場合、これを防ぐのは極めて困難である。

しかし、これは多くの日本人の認識とは異なる。

我々は米軍が中国軍に負けるはずがないと思っている。もちろん米国と中国とが総力戦で戦えば、米国が負けるというシナリオはない。しかし、米軍が極東地域で、限定された在日米軍しか使えないという制約の下では、米軍の方が不利である。

軍事的行動は別として、法的にどうだろうか。

多くの日本人は日米安保条約があるかぎり、米軍が出るのは当然と思っている。二〇一〇年九月に尖閣諸島で日中が緊迫した時期、クリントン国務長官は訪米した前原外務大臣に、「尖閣諸島は安保条約の対象である」旨述べている。

この発言で、日本人の多くは「米軍はやはり尖閣諸島に出てくれるのだ」と思った。

しかし、「尖閣諸島が安保条約の対象になっている」ということと、「尖閣諸島に関する日中の軍事紛争に米軍が出る」こととは実は同じでない。この点をかつて最初に指摘したのが米国人、しかも元駐日大使のモンデールである。モンデールは、一九七七〜八一年、カーター政権下で副大統領、九三〜九六年、駐日大使を務めた民主党の重鎮である。

一九八六年九月一五日付「ニューヨーク・タイムズ」紙は「モンデール大使は『米国は『尖閣』諸島の領有問題にいずれの側にもつかない。米軍は『日米安保』条約によって介入を強制されるものではない』と述べた」と報じ、同じく一〇月二〇日付の同紙で「モンデール大使は常識であること、つまり『尖閣』諸島の『中国による』奪取が、『安保』条約を発動させ米軍の軍事介入を強制するものではないと示唆した」と報じた（Mark Valencia, 'The East China Sea Dispute', "Asian Perspective", 2007 VOL1, p.156）。

このモンデール大使の発言以降、米国は幾度となく、自分の立場を鮮明にしてきた。米国の基本的な立場は、「尖閣諸島の主権は係争中である。米国は最終的な主権問題に立場をとらない」と、「一九七二年の沖縄返還以来、尖閣列島は日本の管轄権の下にある。六〇年安保条約第五条は日本の管轄地に適用されると述べている。したがって第五条は尖閣列島に適用される」である。

安保条約第五条は「日本国の施政の下の領域に対する武力攻撃があった時は、両国は自国の憲法にしたがって行動する」と決めている。この条項で重要なのは「日本国の施政の下の領域に対する武力攻撃」である。

ここに巧妙な法的仕掛けがある。二〇〇五年一〇月、米国側の国務長官と国防長官、日本側の外務大臣と防衛庁長官の間で署名された「日米同盟　未来のための変革と再編」では互いの役割・任務が規定され、日本の役割として「島嶼部への侵攻への対応」がある。つまり尖閣諸島へ中国が攻めてきた時は日本の自衛隊が対処する。ここで自衛隊が守れば問題ない。しかし守りきれなければ、管轄地は中国に渡る。その時にはもう安保条約の対象でなくなる。つまり米軍には尖閣諸島で戦う条約上の義務はない。

この点を明らかにしたのがアーミテージ元国務副長官である。彼は『日米同盟 vs.中国・北朝鮮』(文春新書)で「日本が自ら尖閣を守らなければ、(日本の施政下になくなり)我々も尖閣を守ることができなくなるのですよ」と述べている。

米国は様々な配慮に基づいて行動をとる。尖閣諸島で軍事行動をとることが米国にプラスになるという判断を行うことはあるかもしれない。しかし、その判断は安保条約第五条による義務の履行ではない。米国は巧妙にこの義務から逃れている。

中国の核兵器に対し米国の「核の傘」はない

よく、「核の傘」という言葉が使われる。何も日本列島の上に傘が開き、核兵器を遮断する訳ではない。シナリオは次のようになる。
第一段：外交案件で日本とロシア（中国）との交渉が決裂する。そこでロシア（中国）は、自分たちの言い分を聞かなければ、日本に核兵器を発射すると脅す。
第二段：脅された日本は米国に助けてくれとお願いする。米国はロシア（中国）に対して「日本に核兵器を発射するなら、米国はロシア（中国）に核兵器を撃つ」と脅す。
第三段：ロシア（中国）は米国の脅しを受け、では日本への核攻撃の脅しは取り下げますという。

このように進むのが、「核の傘」「核抑止」である。

ところが、ロシアや中国が米国に対して大規模な核兵器での報復攻撃能力を持つとどうなるか。第三段で、ロシア・中国は米国に「もし、米国が核兵器を我が国に発射するというなら、我々は報復として米国に発射する」と言い返す。この時米国は途端に苦しくなる。日本を助ける代償に自国の都市が攻撃される可能性が出る。

冷戦時代、米ソの間で核兵器の交渉が行われた。この時の理論は「相互確証破壊戦略」である。その骨子は「お互いに相手国に先制攻撃されても、生き残るだけの核兵器を持ち、これで相手国を確実に破壊できる状況を作る。そうすれば、米ソ双方は先制攻撃ができないようになる」というものである。この考え方は今日の米国・ロシア間に該当する。中国が核兵器での攻撃能力を高めていくと、米国・中国の関係にも該当するようになる。「どんな事情があろうと、お互いに二ヵ国の間では核兵器での先制攻撃をしないようにしよう」という約束が基本である。

「どんな事情」の中には同盟国を助ける義務も入る。

キッシンジャーは、この考えを、代表的著書『核兵器と外交政策』の中で「全面戦争という破局に直面したとき、ヨーロッパといえども、全面戦争に値すると（米国の中で）誰が確信し得るか、米国大統領は西ヨーロッパと米国の都市五〇と引き替えにするだろうか」と記述し、モーゲンソーは『国際政治』で「核保有国Aは非核保有国Bとの同盟を尊重するということで、Cによる核破壊という危険性に自らをさらすだろうか。極端に危険が伴う時にはこのような同盟の有効性に疑問を投げかけることになる」と述べた。

また一九八六年六月二五日付「読売新聞」は「軍事戦略に精通しているターナー前CIA長官はインタビューで核の傘問題について、アメリカが日本や欧州のためにソ連に向けて核を発射すると思うのは幻想であると言明した。日本に対しても有事の時には助けるだろうが、核兵器は使用しない」と報じた。

理論的にも現実の政策としても、ロシア・中国の核兵器に対しては米国の「核の傘」は存在しない。我々は極めて安易に米軍は日本を守るために何でもしてくれると思っている。「核の傘」も同様である。しかし実態は違う。我々は米軍が具体的にいかなる貢献をするかを冷静に見つめ、米軍基地の存在の意義を論ずる必要がある。

尖閣諸島の「棚上げ」と日本の国益

尖閣諸島の問題を考える出発点は、尖閣諸島が日本固有の島と国際的に認知されているのではなく、日中間で主権をめぐり係争の島であると認識することである。重要な事項なので整理しておく。

①中国側は明、清の時代より尖閣諸島（中国では釣魚島）は中国に属していたと主張している。具体的には「一五五六年に明は胡宗憲を倭寇討伐総督に任命した後、彼はその編纂した『籌海図編』の中で釣魚島などを中国福建省海防区域に入れている」等の事例がある。

②第二次世界大戦後、一九五〇年六月二八日、周恩来外交部長は「台湾と中国に属するすべての領土の回復」を目指す中国人民の決意について声明を行っている（一九七一年一

二月三〇日釣魚島の所有権問題に関する中国外交部声明において言及)。

③一九九二年二月、中国第七期全国人民代表大会常務委員会第二四回会議で「中華人民共和国領海および隣接区法」は「台湾及びその釣魚島を含む付属諸島は中華人民共和国に属する島嶼である」と明文化した。

④米国は一九九六年以降一貫して「尖閣諸島で日中のいずれの立場も支持しない」としている。たとえば二〇〇四年三月二四日、エアリ国務省副報道官は「尖閣諸島の主権は係争中である。米国は最終的な主権問題に立場をとらない」と述べている。

⑤国際的に見ると尖閣諸島は係争地域であることがほぼ定着している。CIAの"FACTBOOK"は「尖閣諸島に中国はクレームをつけている」とし、米国国防省『中国の軍事力二〇一〇年』の「領土紛争」の項に尖閣を記載している。またBBCは二〇一〇年一〇月二五日尖閣諸島を係争中の島と報じ、ウィキペディア(英語版)は尖閣諸島を「主権を巡り係争」と記している。

尖閣諸島が係争地であるという認識に立てば、日本は一方的に主権を主張する措置はとれない。重要なことは、もし、日本に尖閣諸島の主権があると主張し行動をとれば、中国も同様の措置をとる可能性があるということだ。

尖閣諸島は日中間では「棚上げ」の合意がある（「棚上げ」の合意についての歴史的経緯は複雑なので、拙著『日本の国境問題』〈ちくま新書、二〇一一年〉を参照願いたい）。

「棚上げ」とは現状を容認し、その変更を武力でもって行わないことである。つまり、中国が日本による尖閣諸島の実効支配を認める、これを軍事力で変更しない約束である。

この約束は周恩来、鄧小平が尖閣諸島は中国側としては中国領であることを認識しつつも、日本との関係を発展させることが重要だという判断で譲歩したものである。

中国が譲歩し成立した「棚上げ」合意を日本側から破棄することは、あまりにも愚かな政策である。しかし前原誠司外務大臣（当時）は「棚上げは中国の主張。日本は同意していない」と国会等で述べてきた。憂うべき事態が展開された。

第6章　中国が抱える課題

台湾と中国

中国の安全保障上の最大の課題は台湾であった。第二次世界大戦終了後、大陸を拠点とする中華人民共和国と台湾を拠点とする中華民国の対立が続いた。この中で中国の懸念は台湾の独立であった。そのため、中国は台湾海峡に面する地域に大量の軍を配備してきた。

しかし今日、台湾にとり、独立し、中国と対峙する選択肢はなくなったといっていい。経済産業研究所の伊東信悟氏のレポート「中国の経済大国化と中台関係の行方」は「台湾の輸出総額に占める対中輸出額のシェアは一九八五年の三・二%から二〇〇七年には三〇・一%となっている」「台湾のGDPに対する対中輸出額、同輸入額の比率は、二〇〇七年時点でそれぞれ一九・四%、七・三%に達している」と記している。

同じく「一九五二～二〇〇七年の台湾の対外直接投資累計額に占める対中投資のシェアは五四・〇%にまで膨らんでいる」と記している。

一九八五年の時点では対中輸出はわずか三・二%である。中国の比重はほとんどない。この時期、台湾は中国から独立するという選択肢を持っていた。それが二〇〇七年には三〇・一%となっている。

今日、台湾経済は中国経済に大きく依存している。そうした状況で、台湾は中国寄りの政策を遂行する他に道がなく、かつて想定された台湾の独立の可能性は大きく減少した。台湾の輸出相手国構成比を見ると、中国が二八・〇％、香港が一三・八％、ＡＳＥＡＮが一五・三％、日本が六・六％、米国が一一・五％、欧州が一〇・七％となっている（ＪＥＴＲＯサイト、取得日二〇一一年九月八日）。台湾にとって対中国は対日本の約四倍、対米国の約二・五倍である。

この数字の下、台湾は経済的に中国との関係を強化する以外に合理的選択肢はない。台湾が独立しようとしない限り、中国が台湾を攻める可能性は低い。その意味では「台湾危機」は大きく後退している。こうした流れは現実の政治動向に裏付けされている。

二〇一二年一月一四日、台湾では総統選挙が実施された。与党・国民党候補で現職の馬英九総統が、最大野党・民進党候補の蔡英文主席を振り切り、再選を果たした。馬英九が二〇〇八年五月の総統就任以来、最重要課題と位置づけてきた対中関係改善が有権者に評価されたと見られている。馬氏は二〇一二年一月一四日勝利宣言をしたが、その中でも「平和な台湾路線の勝利だ」と述べ、中国・台湾間の平和的外交路線の継続を示唆した。

中国が台湾を攻撃した時、米軍はどうする？

中国が台湾を攻撃した時、米国はどう対応するか。おそらく、日本国民の多くは、台湾は民主主義国家であるから、米国は軍事的に助けると思っている。

法的義務はどうなっているだろうか。冷戦時代、日本・台湾・フィリピンにつながる防衛ラインは、共産主義拡大を防ぐ防波堤と位置づけられた。一九五〇年、中国とソ連は中ソ友好同盟相互援助条約を結んでいる。米国は台湾にその拠点を移した中華民国と軍事同盟関係を構築し、中華人民共和国に対抗することとした。それが米華相互防衛条約である。

しかし、米国が中国と国交を回復し、米国は米華相互防衛条約を失効させた。今日、米国は台湾を防衛する条約上の義務は負っていない。

米国は、その代わりとして、一九七九年台湾関係法を国内法として制定した。「米国は中華民国（台湾）国民の安全、社会や経済の制度を脅かすいかなる武力行使または他の強制的な方式にも対抗し得る防衛力を維持し、適切な行動を取らなければならない」を内容としている。

米国は「適切な行動を取る」としている。では、どのような行動を取るのか。

台湾関係法は米国国内法であって、条約ではない。その時々の政権、議会の対応による。その時々の世論に影響される。

それでは米国国内世論はどのような態度を取っているか。いくつかの世論調査を見たい（以下のデータはWorld Public Opinion.orgによる）。

①二〇〇一年五月ＰＥＷ実施の世論調査

「中国が台湾に対して軍事力を行使した場合、米国は台湾を防衛すると確約すべきか」

確約すべし　二六％

確約すべきでない　六四％

②二〇〇四年ＣＦＲ実施の世論調査

「中国が台湾を侵略した時、米国が軍事力を使用するのを支持するか、しないか」

支持する　三三％

支持しない　六一％

二〇〇一年、〇四年のいずれも、米国世論は中国が台湾を攻撃しても、米軍が軍事力を使用することに消極的である。米国国民は「台湾問題で中国との軍事的衝突を避けたい」

という明白な意思を持っている。

台湾問題の歴史的経緯と中国の軍事的選択

台湾問題は複雑な経緯を持つ。

まず米国側から見てみたい。

第一に、米国は中国をとるか、台湾をとるかの二者択一を迫られれば台湾を捨てて中国をとる。一九七九年カーター大統領は中国との国交を樹立し、台湾との国交は断絶された。この時、五四年に締結された米華相互防衛条約は破棄されている。

第二に、米国は、中国封じ込めに台湾を利用できるなら利用したい。特に東シナ海の軍事バランスを維持するためには、台湾を使いたい。そのため、台湾が自分を防衛する武器は提供してきた。

一方中国側を見てみたい。

中国は台湾の統一を国家目標と掲げ、中国軍の整備もこの目的のためになされてきた。中国にとっての最大の関心は、台湾の独立を阻止することである。米国が台湾の独立を政治的・軍事的に支援することを防ぐため、台湾をめぐっての米中軍事バランスが米国に有利にならないよう努力をしてきた。

中国は二〇〇五年三月「反分裂国家法」を採択している。この法律の中で、「もし台湾独立分子が台湾を中国から分裂させる重大な事態になれば、非平和的手段をとることもある」と警告した。

中国がとり得る軍事的手段には次のものがある。

●台湾周辺の海上封鎖

封鎖の手段には海軍力のみならず、封鎖の海域を設定し、この範囲に入った船はミサイル攻撃の対象となるとする措置である。

●限定的強制措置

限定された軍事的行動であるが、破壊的、懲罰的行動をとる。その際経済的措置を併用する可能性もある。

●ミサイル攻撃

軍事施設等にミサイル攻撃を行う。台湾の防衛能力を低めるとともに、軍事的抵抗を行う意思を低下させる。

●上陸作戦

中国内部に台湾上陸作戦を記述したものがある。中国は本格的上陸作戦のみならず、台湾が管轄している東沙諸島、太平島（台湾が実効支配。滑走路も有する）に対する小規模作戦、馬祖列島、金門島に対する中規模作戦がありうる。

南沙諸島とASEAN諸国

南沙諸島は南シナ海にある約一〇〇の小さな島々から成立している。普通に居住できる環境ではない。したがって、島そのものにはほとんど価値がない。しかし石油などの海底資源がある。漁業も行える。それがあって関係国が領有権を主張している。南沙諸島の問題は尖閣諸島と類似している。

この南沙諸島をめぐり、ベトナム、フィリピン、マレーシア、ブルネイ、台湾、中華人民共和国が領有権を主張している。

中国とASEAN諸国は南沙諸島についてどのような主張をしているか、双方がどのような対応をしているかを見るのは、日本の尖閣諸島を考える上で参考になる。

まず、中国の対応を見ると、南沙諸島を自己の主権の及ぶところとして厳しい対応をするか、南沙諸島をめぐり国際紛争にするのを避けるか、考え方が錯綜している。

中国は安全保障分野で「核心的利益」という言葉を使う。

二〇一一年九月一三日付「ファイナンシャル・タイムズ」紙は「核心的利益」について

次の説明を行っている。

「強固な分離運動のあるチベットは中国にとっての領土保全の重要な要素を形成している。台湾も同様である。（中略）台湾が公式的な独立を宣言すれば、中国は攻撃することを明確にしてきている。最近ではこの用語は土着のイスラム教徒と漢民族の衝突の場所である新疆に適用される」

中国は「核心的利益」という言葉は、一歩も譲らないと決意している地域に関して使用している。

台湾についても、「核心的利益」という表現をしばしば使う。台湾は中国にとって譲れない地域である。

二〇一一年九月に米国が台湾に武器供与を決めた時にも、九月二三日付「人民網」日本語版は「中国の核心的利益を損なうことは許さない」の記事を掲げた。

では南沙諸島について、中国は「核心的利益」と見なすのか。南沙諸島の位置づけは中国内部でも揺れ動いている。中国にとって南沙諸島の扱いの難しさを示している。

二〇一〇年三月、中国側は、訪中したスタインバーグ米国務副長官に、南シナ海を「核心的利益」とする方針をはじめて伝達した。同年五月「米中戦略・経済対話」の席で、戴秉国国務委員がクリントン国務長官に対して、政府の立場として正式に伝えた。

二〇一一年六月、中国農業省の牛盾次官はＡＳＥＡＮの一部と領有権を争う南シナ海について「争いのない核心的利益」と述べた。

一方で二〇一〇年一〇月二二日付「共同通信」は、「中国『核心的利益』を取り下げ南シナ海権益で」の標題で、「中国政府が、米政府に対し、南シナ海を台湾やチベットと並び領有権で絶対に譲らない『核心的利益』と位置づけると表明したこれまでの発言を否定し、『核心的利益』とする立場を事実上取り下げる姿勢を示していたことが二二日、わかった」と報じている。

中国には今後、南沙諸島を軍事力で自分の勢力範囲にする選択肢と、外交的に紛争を避ける選択肢がある。

これに対してＡＳＥＡＮ諸国の対応はどうか。軍事的に対抗する方法には、自ら対応する方法と、外部の勢力、特に米国を取り込み、対応する方向がある。

ただし、南沙諸島は尖閣諸島よりもはるかに平和的に解決するフレームワークが存在している。

第一に、二〇〇三年一〇月八日、中国の李肇星外交部長がＡＳＥＡＮの基本条約である東南アジア友好協力条約に署名している。東南アジア友好協力条約は第二条ｄで「意見の相違又は紛争の平和的手段による解決」を、同二条ｅで「武力による威嚇又は武力の行使の放棄」を、同一三条で「自国に直接影響する問題についての紛争、特に地域の平和及び調和を害するおそれのある紛争が生じた場合には、武力による威嚇又は武力の行使を慎み、常に締約国間で友好的な交渉を通じてその紛争を解決する」ことを規定している。中国はASEAN諸国との関係を継続しようとするならば、この原則を守らなければならない。同時に同一〇条において「主権又は領土保全に対する脅威となる活動には、いかなる方法又は形態によっても参加してはならない」として、第三国との軍事同盟的活動を禁じている。

第二に、二〇〇二年一一月四日、中国とASEAN諸国との間で「南シナ海の行動宣言」に合意した。そこには次の内容が含まれている。

●平等と相互尊重を基礎に信頼構築を目指す。
●南シナ海の航行、上空の飛行の自由を尊重する。
●領有権紛争は武力行使に訴えることなく、平和的手段で解決する。
●現在（当事国に）占有されていない島や岩礁上への居住などの行為を控え、領有権争いを紛糾、拡大させる行動を自制する。
●国防、軍当局者間の対話の場を設け、いかなる軍事演習も自発的に通告するよう努力する。

●（当事国以外の）他国にも宣言の原則を尊重するよう求める。

●（法的拘束力の強い）行動規範の採択が地域の平和と安定を促進することを再確認し、この目標の最終的な達成に向け努力することに同意する。

二〇一一年一月二五日に開かれた中国と東南アジア諸国連合一〇ヵ国の外相会議で、中国の楊潔篪外交部長は、「行動宣言が南シナ海の平和と安定の維持に寄与している」と発言した。ＡＳＥＡＮ側は実効性に乏しい行動宣言を法的拘束力がある「行動規範」に格上げしたい立場だが、南シナ海で軍事活動を活発化させる中国は自らの行動を制約しかねない行動規範策定に消極的と見られる。楊外交部長発言は行動宣言で十分だとの認識を示したものと見られた。

ＡＳＥＡＮ側は「南シナ海の行動宣言」を踏まえ、二〇一一年七月一九日のＡＳＥＡＮ外相会議において共同声明を採択し、ここで、今後予定されるＡＳＥＡＮと中国との高官レベル協議で、南シナ海での行動の指針がまとまることへの期待を表した。

その後も、ＡＳＥＡＮ側は行動規範の検討に着手している（二〇一一年一〇月四日付「読売新聞」）。ＡＳＥＡＮ諸国は中国の軍事的進出を法的枠組みで抑える動きを一貫して追求している。

ASEAN諸国の動きが成功すれば、軍事力が小さい国々がまとまることで、軍事大国の行動を法的に抑制する道筋をつけるものとなる。

日本国内には「中国が南沙諸島に進出しているので、日本、ASEAN諸国、米国が軍事的に連帯していこう」という主張が多い。しかし、この主張はASEAN諸国が目指している方向とは異なる。

少数民族地域の独立志向

中国は五五の少数民族を抱える。このうち、チベット族、ウイグル族、モンゴル族、朝鮮族は独自の国家を持っていたこともあり、自主の動きが強い。

チベットはダライ・ラマを精神的支柱としている。中国は一九五〇年チベットを併合した。五九年チベットは反乱を起こし、その後ダライ・ラマ一四世はインドのダラムシャーラーに拠点を置き、亡命政府を樹立した。ダライ・ラマ一四世は一九八九年ノーベル平和賞を受賞するなど、広範な国際的支援を得ている。

二〇〇八年三月一五日、チベット自治区ラサ市でチベット族が漢族を襲撃し、暴徒化した。これに対して中国治安当局が催涙弾等で制圧した。

チベットの不安定さは依然として継続している。チベットにおける民主化、自治権の拡大の動きはしばしば中央政府の弾圧に繋がり、国際社会の非難を浴びている。中国のアキレス腱である。

新疆・ウイグル地域には、一九四四年から四九年の間、ソ連の支援の下に東トルキスタン共和国が設立された。しかし、四九年共産党支配下の中国に統一された。ウイグル族の自治を求める動きはしばしば先鋭化し、八〇年代は、ウイグル族住民の中で、自治の拡大を求める動きが活発化した。二〇〇九年にはウイグル人と漢民族の対立が激化した。この事件によって、主要国首脳会議に参加するためにイタリアを訪問していた胡錦濤国家主席が新疆ウイグル自治区の情勢緊迫を理由に急遽帰国するという事態すら招いている。

新疆地方の複雑さはウイグル人の宗教がイスラム教であることにある。

国際情勢の中で、イスラム教徒の発言力が拡大している。この状況で、中国外のイスラム教徒が中国のウイグル族を支援していく可能性は高い。筆者は一九九三年に独立直後のウズベキスタンに赴任したが、ここでは大量のモスクが建立されていた。資金はサウジアラビアからだった。さらにアフガニスタン、タジキスタンを経由して、武力活動を志向するグループも活動を強化した。新疆にもこうした支援は将来発生する可能性が高い。

こうした動きに対して国際社会はどう対応していくべきか。

一つの考え方は、「人道問題が侵害されている以上できるだけ介入していくべきだ」との考えがある。この考え方の延長に「人道主義的軍事介入論」がある。二〇〇一年のブッシュ大統領の登場以降、米国には「人道主義的軍事介入論」が勢力を増している。イラク戦争やリビアのカダフィ政権への攻撃がこの範疇に入る。

筆者は国際社会が人権侵害に介入することには慎重である。この理解には、一六一八年から四八年までヨーロッパで続いた「三十年戦争」にまで遡る必要がある。

カトリック、プロテスタントが「誰が正しいか」で宗教戦争を戦った。結果、戦争の主たる舞台となったドイツでは人口は一五〜三〇％減少した。ドイツ人男性は半分になった。チェコにおいても人口は三分の一、減少した。戦争の悲惨さを前に、戦争、平和の考え方が変わった。発端となった宗教戦争は、カトリック、プロテスタント双方が自らは正しいと思い、正義の戦争をした。しかし、あまりにも多くの犠牲を生んだ。

戦争における莫大な犠牲を避けるため、「国家の主権を認め、互いに干渉しない」ことを原則とする「ウェストファリア条約」が結ばれた。国の有り様は各国に委ねた。

何も国家の主権を認めることが一番いい国内政治をできると判断したからではない。このウェストファリア条約で正義が一番実現できるものでもない。しかし「自分の方が正しい。正義を実現すべきだ」と主張して戦う場合の犠牲の大きさにみんなが気付いたのである。その結果、その後約三〇〇年間、平和が続いた。このウェストファリア条約的理念が後退し、欧州は再び第一次世界大戦、第二次世界大戦を経験した。そして、第二次世界大戦後、国家の主権を尊重するウェストファリア条約の理念が再度国際社会に認識され、国連憲章として復活した。

国連憲章は第二条で「すべての加盟国は、その国際関係において、武力による威嚇又は武力の行使を、いかなる国の領土保全又は政治的独立に対するものも、また、国際連合の目的と両立しない他のいかなる方法によるものも慎まなければならない」旨記載している。

今日の世界ではまだ国家間紛争が終わっていない。何よりもまず国家間の争いの火種を作らないことが重要である。

そのことは国連等の国際機関が問題提起を行い、当該国に善処を求めることを排除しない。むしろ国際機関を積極的に活用して世界の人権問題を解決していくのが望ましい。ただ、個々の国家は相手国が自分の国の安定が壊されるのではないかと考える問題に介入することには慎重であるべきだ。

南沙諸島の項で中国にとっての「核心的利益」に触れた。中国は「核心的利益」という用語を、一歩も譲らないと決意している地域に使用している。新疆、チベットがいま、中国にとっての「核心的利益」が最も脅かされている地域である。

中国がGDPで世界一になっても国民は豊かではない

ここで指摘しておかなければならないのは「中国が経済力で世界一になる」という時に、「中国の一般市民の経済水準は米国の四分の一にとどまっている」状況があわせて存在していることである。逆に言えば、「中国の一般市民の経済水準は米国の四分の一であるが、国全体としてみると、中国のGDPは世界一である」という現象が起こる。

中国は個人の水準に着目すれば、先進国の水準から大きく劣っている。しかし、国全体で見ると、世界一の規模を持つ。ここに中国の矛盾が存在している。

かつての超大国、英国や米国はその時点で一人当たりのGDPもほぼ世界一であった。しかし、二〇二〇年か二五年に世界一のGDP国家となる中国は、一人当たりGDPが世界の先進国の四分の一という水準にある国である。「中国は世界一だ」と威張って自分の生活を見ると、世界の貧困層にいるという状況が続く。

中国は貧富の差、地域格差、劣悪な環境、汚職など社会不安が大きい。これに加えて共産党の独裁という体制の問題を抱えている。これらは、本来、東アジアの安全保障と直結していない。しかし、中国の指導部がそのエネルギーの大半を国内課題の解決に振り向けなければならず、対外的冒険主義に向かう余裕は少ない。それを理解する必要もあり、内政上の諸課題も合わせ、検討した。

社会における所得分配の不平等さを測る指標にジニ係数がある。係数の範囲はゼロから一で、係数の値がゼロに近いほど格差が少ない状態である。〇・四を超えると社会騒乱多発の可能性があると言われている。

CIAの"FACTBOOK"は次の数字を示している。

米国：〇・四五〇、ロシア：〇・四二二、日本：〇・三七六、イギリス：〇・三四〇、フランス：〇・三二七、ドイツ：〇・二七〇、韓国：〇・三一四、シンガポール：〇・四七八、中国：〇・四一五。

二〇一一年六月三〇日付「人民網」日本語版は、「中国のジニ係数、本当に警戒ラインを超えたのか」の論評を掲載した。

「新華社の二人の研究員は五月、改革開放初期から二〇〇七年までに中国のジニ係数は〇・二八から〇・四八に上がり、ここ二年でさらに上がり続け、すでに〇・五を上回ったという文章を発表した」

「こうした状況は農村内部にも発生している。国家統計局と北京師範大学所得分配課題グループの統計によると、二〇〇二年から二〇〇七年まで、農村内部のジニ係数は〇・三七

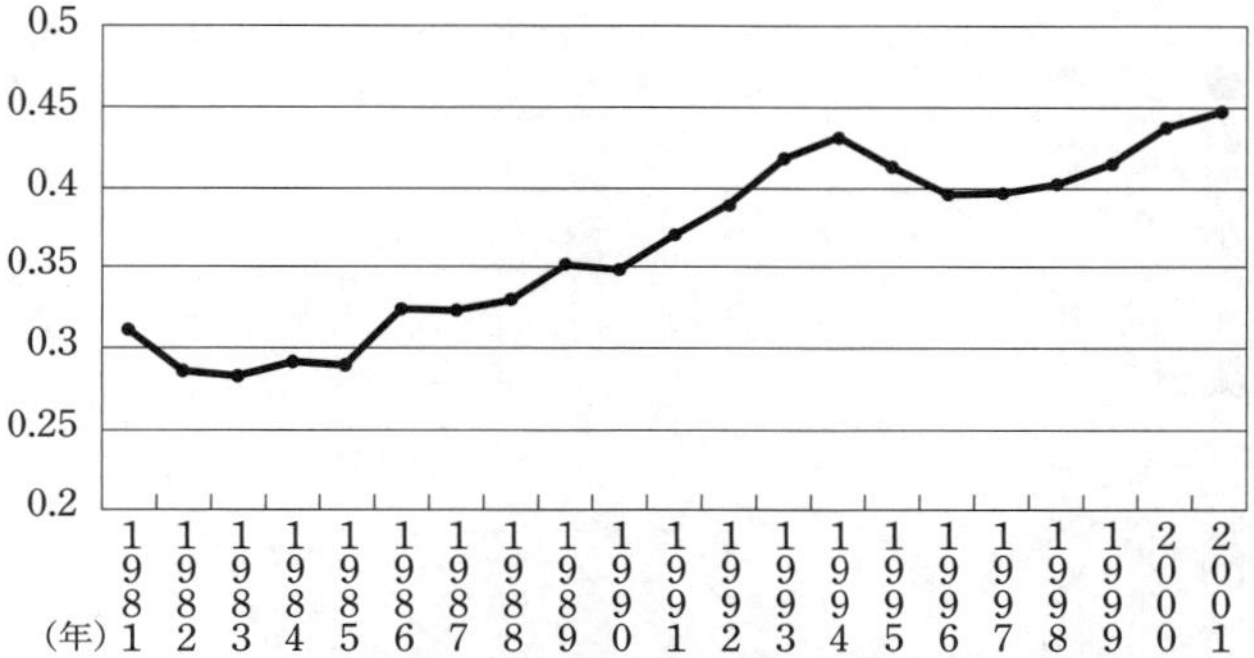

図表18　中国のジニ係数の推移

（「人民網」日本語版　2011年6月30日付より）

ラインを上下している」

中国は一九九〇年頃よりジニ係数は〇・四を超え、危険な範疇に入っている。デモ等社会不安が出て不思議はない（**図表18**）。

なお、ジニ係数で言えば、二つ付言しておきたい。一つは前述でわかるように、米国のジニ係数が高いという事実がある。「米国では富裕層上位一％が国の所得の二四％を得ている」（二〇一〇年九月三日付'slate'掲載Noah論評）。

一方、日本に関しては、厚生労働省「平成二〇年所得再分配調査結果の概要」は、当初所得では〇・五三一八、再分配所得（当初所得から税金、社会保険料を控除し、社会保障給付を加えたもの）は〇・三七五八となっている。

中国の環境問題

中国は近年、経済成長を最優先してきた。その中で環境破壊の問題は軽視され、十分な配慮がなされてこなかった。王緝思は「日米中関係とパワーバランスの変化」（『日米中トライアングル』）で次のように記述している。

「世界で最も汚染されている二〇都市のうち、一六都市は中国にある。また中国の河川の五四％以上が人間に有害な汚染物質を含んでおり、一一億五〇〇〇万人以上が安全でない水を飲まなければならない状態である」

「公式な報告書によると二〇〇四年の環境汚染による経済的影響は七〇〇〇億ドルとなっており、中国のGDPの三％を超える数字である」

この認識を前提として、具体的事実関係をさらに見てみたい。

「EICネット」ナンバー178「中国発：金融危機下で環境保全を前面に」は次のように報じている。

●二〇一〇年六月発表の中国環境白書では冒頭で二〇〇九年の環境汚染の状況について次のように総括している。

●表流水の汚染は比較的深刻な状況にあり、七大水系（長江、黄河、珠江、松花江、淮河、海河、遼河）は全体として軽度の汚染状態であり、湖沼の富栄養化問題は突出し、沿岸海域も全体的に見れば軽度の汚染状態にある。

●七大水系の汚染状況のうち、南方地域にある水量が豊富な長江と珠江の水質は比較的良好であるが、松花江と淮河は軽度の汚染、黄河と遼河は中度の汚染、海河は重度の汚染である。

●プレスリリースを行った張力軍副部長は二〇一〇年に取り組むべき主要な業務として以下の六点を強調した。

①汚染物質排出削減は既定の目標を達成した上でさらに大きな成績を上げる。

②環境影響評価の強化や基準の健全化等の措置を通じて経済発展方式の転換と経済構造の調整を推進する。

③環境関連法令の執行監督、緊急時の管理や核安全の管理監督を強化し、重金属汚染等の公衆の健康に危害を及ぼす深刻な環境問題の解決に力を入れる。

④重点流域・地域の汚染防止を推進する。

⑤「奨励により対策を促進させる」政策を深め、農村環境保護と生態保護を推進する。

⑥汚染源全面調査及び環境マクロ戦略研究の成果を十分に生かして、環境保護に係る第一二次五ヵ年計画（二〇一一～一五年）の編成を全面的に推進する。

中国の腐敗度はほぼASEAN諸国並み

「Transparency International」が発表した「腐敗度インデックス二〇一〇」は次の通りである。点数が高いほど清潔で、点数が低いほど腐敗が進んでいる。

デンマーク：九・三、シンガポール：九・三、ドイツ：七・九、日本：七・八、米国：七・一、トルコ：四・四、イタリア：三・九、中国：三・五、タイ：三・五、インドネシア：二・八、ベトナム：二・七、フィリピン：二・四。

Transparency International の調査では、中国は西側諸国より腐敗が激しい。他方、ASEAN諸国と比較すると、ほぼ同じである。

中国共産党は、自己の政権基盤の確保を国民の生活水準アップにおいている。そのことは、仮に国全体として世界一になったとしても、「生活水準を上げろ」という中国国民からの強い圧力が継続することを意味する。

中国社会を見ると、格差であれ、環境問題であれ、国内問題が深刻である。この状況は今後も続く。

二〇一一年一一月二日、新華社通信は「中国の資産一〇〇〇万元（一元＝約一二円）以上の富裕層を調査したところ、半数近くが海外移住を考え、一四％がすでに移住済みまたは移住を申請していることが明らかになった」と報じている。

中国国内情勢は厳しい。なすべきことは多々ある。国内秩序の維持が何よりも重要である。こうした中、中国指導層にとって、対外緊張は必ずしも好ましいことではない。

中国は民主化するか

我々はしばしば、「中国は共産党独裁だ。したがって中国の発展には限界がある」という。もっともらしい論である。しかし、この論はどこまで正しいだろうか。

まず、現時点で、中国人民がどの程度、現体制に満足しているかを見てみたい。

二〇〇八年五月一二日に World Public Opinion. org は中国への調査結果を次のように記している。

●八二%の人々は国民の意思が政府の権威の基本になるべしとしている。かつ八三%は国民全員が参加する選挙で国の指導者を選出すべしとしている。

●国家が国民の意思を反映し統治されているかにつき、いくつかの国の調査を行ったが、中国は一〇点満点中六・七であった。これは、調査対象国の中で最も高い数字である。

●中国においては、国民の六五%が国は国民のために運営されていると見ている。この比率は世界の他の国よりも高い。

また二〇一〇年九月一五日付「クリスチャン・サイエンス・モニター」紙はフォード論評で「中国の若者の政府への不信が増大している」と指摘し、同時に「中国政府は国民の高い支持率を得ているように見える。外国の学者によるいくつかの世論調査では『過去一〇年間政府と共産党に対し約七〇%の信頼を持っている』という結果が出ている」と報じている。

国民の支持は様々な要因で形成される。過去との比較が大きい比重を占めている。中国の場合、近年急速な経済発展を遂げた。多くの人にとって、生活環境は著しく向上した。これが現時点での中国国民の指導層への信頼となっている。

この状況下、共産党が、民衆の支持を得ていないと見なすのは正確ではない。

ただ、中国には格差、腐敗、環境汚染等一般市民が不満を持つ問題は山のようにある。中国国内ではインターネット等を通じての情報の拡散が急速に進んでいる。民主化を求める声は増大する。中国当局も次第に民衆の支持を得るのに苦労していくだろう。

中国では地方議会の直接投票はすでに始まっている。二〇一一年一一月一日付「産経ニュース」は「これが『中国流』選挙妨害　地方議会選挙で独立系候補の失格相次ぐ」の中でいくつかの事実を報じている。

●中国各地で五年に一度の「地方議会選挙」が行われている。

●今回の北京の区、県、郷、鎮の各レベルの地方議会（総定数一万四〇〇〇人）選挙で、立候補する意思を示した独立系候補は前回の約一〇倍に当たる約三万人に上った。

いま、ツイッター等ソーシャル・メディアが急速に普及し、情報の拡散が進んでいる。二〇一一年九月二九日付「産経ニュース」は「中国ネット人口、五億人突破　管理強化の方針」の標題の下、次の報道を行った。

●中国国務院（政府）新聞弁公室の王晨主任（閣僚級）は二九日、北京で講演し、中国のインターネット利用者が五億人を突破したことを明らかにした。

●浙江省で七月に起きた高速鉄道事故では、短文投稿サイト「微博」で当局への批判が高まるなど、ネットは中国で世論形成に威力を発揮するようになっている。「微博」の利用者は三億人を超えている。

こうした状況で現状維持は困難になる。中国社会科学院で民主化の是非が論議されてきている。

朱建栄・東洋学園大学教授は「中国の政治・社会情勢の予測」(茅原郁生編『中国の軍事力』)の中で「二〇二〇年の中国政治の三つのシナリオ」として、政治の民主化が停滞するケース、政治の民主化が急速に進展するケース、斬新的な民主化を行うケースを検証し、「中国の政治民主化は簡単に実現するとは思わない」としつつ「二〇一五年以降、中国社会における政治民主化の圧力が決定的に大きくなることだけは間違いないだろう」「中国首脳部が国政レベルの直接選挙を二〇二〇年以後に想定している」と記している。

中国政府はいつかの時点で国政の指導者を選ぶ選挙制度の導入をせざるを得ない。現在ロシアで、プーチンが政党「統一ロシア」を基盤に置きつつ、実質的には独裁体制を維持している。それを想起すれば、中国共産党が選挙制度を導入した後も、独裁支配体制を続けるのはさして難しくない。

問題は、現在の中国の政策が国益に適っているか否かである。単純な話、今日、日中でどちらの政治指導者が、それぞれの環境を前提とした中で、それぞれの国を正しい方向に導く能力を有しているか。残念ながら、筆者はとても、「日本の政策が中国よりも国益に合致した政策である」と言えない。

英国にロバーツという著名な歴史家（二〇〇三年死去）がいた。彼は全一〇巻からなる『世界の歴史』（創元社、二〇〇三年）の中で次のような記述を行っている。

●中国革命は間違いなく、人類が行ったもっとも壮大な試みの一つ。二〇世紀の中国革命に匹敵する出来事は、七世紀のイスラーム教の拡大や、一六世紀以降の近代ヨーロッパ文明の世界進出以外にはない。しかも中国革命が大きく異なっていたのは、それが特定の指導者によってコントロールされ、方向性が定められていたという点、また無数の民衆の熱気に支えられながら、その一方で国家の指導なしには成立し得なかったという点にも、中国革命のもつ特異性を見ることができる。

●中国人は伝統的に権威を重んじ、その権威に高い精神性を求め続けた人々。これは西洋で遠い昔に失われた現象。個人よりも集団が重視されるべきこと、政府が国家事業のために国民を動員する権限をもつこと、公共の利益のために行使されるかぎり政府の権威は絶対であることを、中国はどの大国よりも長いあいだ、民衆に納得させてきた。

●中国では権力は「天《てん》」から授かったものであり、統治者は民衆のために善政を行ない、伝統的な中国文明の価値観を守るかぎりにおいて、その正統性を民衆から認められるという文化的伝統があった。

世界の長い歴史を研究してきたロバーツは「中国政府が民主主義という枠に該当しているか、否か」で中国政府の正当性を論じていない。

現在行われている政策がどこまで「公共の利益のために行使されているか」を尺度としている。

「中国は民主主義体制でない」と批判する人々は、日本と中国とどちらの政策が「公共の利益のために行使されているか」を問えばよい。誰も日本の政府の政策の方が「公共の利益のために行使されている」と自信を持って主張できないのではないか。

こうした状況を前提としつつも、中国国内では一般の人々の意見を反映する民主化をとり入れざるを得ない。時代の要求には抗し得ない。

現時点では政府に対する中国国民の不満は高くない。しかし、格差、腐敗、環境問題はどれも深刻である。ソーシャル・メディアの利用で不満は一気に拡大する。中国指導部は予想以上に早い段階で民主化に着手する必要に直面するだろう。

第7章　ロシア・北朝鮮にどう対応するか

プーチン時代の終わりの始まり

日本はロシアにどういったアプローチをしていくべきなのか。

ロシアもまた現在、大きなパラダイム変化を起こす過程に入っている。プーチンが二〇〇〇年五月に大統領に就任して以来、ロシアは「プーチン時代」と言ってよい。大統領の三選禁止で二〇〇八年五月にいったん、大統領の座をメドヴェージェフに譲り、自分は首相の座に就いた。

二〇一二年三月四日に大統領選挙が行われる。任期が四年から六年に延長された。プーチンが勝利すれば、最長さらに二期一二年のプーチン時代が継続すると見られた。

しかし二〇一一年、突然この流れが変わった。この変化は思いがけないところで起こる。一一月二〇日にモスクワで総合格闘技大会が行われ、総合格闘技のファンであるプーチンが試合後リングに上ってスピーチを始めると、観客がブーイングを始めたのである。その様子はそのまま生中継された。総合格闘技大会はプーチンにとって最も支持基盤の固い人々が集まっているはずにもかかわらずブーイングを受けたことは、ロシアの変化を示すものと受け止められた。

翌月の一二月四日にはロシア下院選挙が実施された。与党統一ロシアが議席を大幅に減らすも単独過半数は確保した。しかし、ここで不正が行われたと見られ、一二月一〇日と二四日に抗議のデモが行われた。二四日のデモでは警察発表で二万九〇〇〇人が参加（主催者側発表は一二万人）、プーチン反対が叫ばれた。

このデモは既存の団体の呼びかけではない。若者がインターネットを使い呼びかけあい、集まったものである。明確な指導者がいないのが特徴である。

この市民の動きがどこへ行くかわからない。今後ここからどのような指導者が出て来るかもわからない。ただ二〇一二年三月四日の大統領選挙に勝利して迎えることになるであろうプーチン時代が、今後一二年安定的に継続するというシナリオは崩れたと見ていいだろう。ロシアもまた、大きなパラダイム変化を起こす過程に入ったのである。

ロシアがどこへ行くかは定かでない。したがってこのロシアにどう対応していけばよいかも定かでない。

ロシアはＮＡＴＯの脅威ではない

ロシアを見るときに重要なことは、「ロシアはいまやかつてのソ連ではない」という認識である。

もちろん、いまのロシアに住んでいる人々も、ソ連時代に住んでいた人々も変わりはない。しかし、体制が大きく変わった。ソ連は基本的に共産主義を世界に広めることが正しいと見なした。それに対し西側世界は共産主義の拡散をどう押さえるかの体制をとった。米国は日本に共産主義の拡散の防波堤になることを期待した。これが日本・ソ連関係の核心となる。

しかし、ロシアにもはや、何かの主義を世界に拡散しようという野望はない。ロシアの国家目標は、ロシアという国家をいかに存続させるかである。その意味でロシアは多くの国家が目指すものと同質になった。

ソ連時代、ソ連に対峙してきた最も強力な機構は、米国と欧州諸国がつくった軍事同盟NATOである。このNATOが今日のロシアをどう評価しているかは、ロシアを判断する材料として貴重である。

NATO事務総長アナス・フォー・ラスムセン（二〇〇九年から事務総長。二〇〇一年から〇九年までデンマーク首相）が二〇一一年六月七日、インターファックスからインタビューを受け、次のように述べた。

「（ロシア―NATO間の軍事協力に言及した後）最も重要なことは書類に書かれていないことだ。NATOはロシアの脅威ではない。ロシアはNATOの脅威ではない」

筆者は英国の知人から「NATOがもはやロシアを敵と見なさなくなった」と教えても

らった。そこでNATO関連の文献を探したが、「NATOがもはやロシアを敵と見なさなくなった」という文言がなかなか見つからない。その中でラスムセン事務総長の発言に出会った。ラスムセン事務総長が述べた「最も重要なことは書類に書かれていないこと」という台詞は凄い。

このラスムセン発言の前、二〇一〇年一一月二二日のリスボンでのNATO首脳会議で「NATOはロシアへの脅威ではない」と述べる文書が採択された。

ラスムセン事務総長の発言を頭において「NATOはロシアへの脅威ではない」という文言を見ると、明言していない「NATOがもはやロシアを敵と見なさなくなった」という判断に間接的に言及していることがわかる。

NATO全体として言いたいことは、「ロシアが脅威である時代は終わった」ということである。しかし、冷戦後新たにNATOに加わった国はまだロシアが怖い。この国々に配慮して、「NATOはロシアへの脅威ではない」との表現を採用した。「NATOはロシアへの脅威ではない」状態であれば、ロシアも警戒しない。攻撃もしない。したがって「ロシアはもはやNATOへの脅威ではない」と同意語になる。

調べていくと、「ロシアはNATOへの脅威ではない」という表現は個人レベルでは使用されている。ラスムセンNATO事務総長は二〇〇九年一〇月九日の時点で述べている

(Atlantic Council: Russia not a threat to NATO: alliance chief)。

ロシアの脅威は個々の国の問題である。もはや、ロシアの脅威は西側社会全体への脅威ではなくなった。

では、「ロシアはNATOへの脅威ではない」となると、何が起こるか。西側諸国がロシアへ武器を輸出することも、禁じられない。個々の国がロシアと安全保障上の問題を抱えても、西側全体で対処するという対応がとられなくなる。

ロシアの輸出から見た各国の重要性

ロシアとの関係を考える際に、重要なのはロシアが何を考えているかである。

そこで、ここでもまずロシアの輸出相手国を見てみたい(**図表19**)。

図表19は国別になっているが、EU全体としても非常に大きな比重を占めているのがわかる。対外貿易の半分強、エネルギー輸出の大部分及び外国投資流入額の多くがEUである。

オランダ	57007	ポーランド	20193
イタリア	41919	フィンランド	15789
ドイツ	33180	英国	14866
トルコ	27714	米国	13516
ベラルーシ	23604	カザフスタン	13361
ウクライナ	23551	フランス	12189
中国	21152	日本	10435

単位100万ドル

図表19 ロシアの主要輸出先(2008年)

(ARC国別情勢研究会ARCレポート・ロシアより筆者作成)

ロシアの国別輸出額では日本は伊独英米仏の下である。さらに中国、トルコより下の一四番目である。ロシアにとって日本の重要性は低い。

北方領土問題でロシアが譲歩しない理由

ロシアは自国の対外政策をどのように規定しているだろうか。

ロシアは「ロシア連邦国家安全保障概念」を発表している。最初はエリツィン大統領の時代、一九九七年一二月一七日に承認された。この「国家安全保障概念」は、ロシアの国家安全保障の脅威を次のように記した。

「現在および近い将来における最大の脅威は、軍事的傾向を持たず、専ら国内的性質を帯びており、内政、経済、社会、環境、情報、精神の領域に集中している」

ロシアは自己の安全保障上、最大の脅威を国内問題とした。

この時期、ロシア経済社会は大混乱の中にあった。経済がどんどん悪化していた。GDPの前年比（単位＝％）は一九九二年（マイナス一四・五）、九五年（マイナス四・一）、九七年（一・四）、九八年（マイナス五・三）。消費者物価のインフレ率の前年比（単位＝％）は九二年（二六〇〇・一）、九六年（二一・八）、九七年（一一・〇）、九八年（八四・四）である。

結局経済混乱の中、一九九九年一二月三一日、エリツィン大統領が引退を宣言する。当時首相だったプーチンが大統領代行に就任し、二〇〇〇年一月一〇日、大統領令で新国家安全保障概念が発表された。

新国家安全保障概念は国際分野における脅威を次のように指摘した。

①現存する国際安全保障メカニズム低下を図る動き。
②世界におけるロシアの政治的、経済的および軍事的影響力の弱体化。
③NATOの東方拡大。
④ロシア国境付近に外国の軍事基地配置の可能性。
⑤大量破壊兵器およびその運搬手段の拡散。
⑥CIS（独立国家共同体、旧ソ連の一二ヵ国で形成された緩やかな国家連合体統合プロセス）の弱化。
⑦ロシア国境およびCIS加盟国の対外境界線付近における紛争の発生と拡大。
⑧ロシアに対する領土要求。

ロシアは「ロシアに対する領土要求」を脅威と位置づけている。

エリツィン大統領時代、日本の北方領土問題が動くのではないかと見られた。プーチンが大統領代行就任と同時期に発表した「新国家安全保障概念」でロシアは「ロシアに対する領土要求」を国際分野における具体的な脅威として位置づけた。いま、北方領土問題を日本側の条件で解決する可能性は消滅した。

二〇〇〇年以降、日本国内では、あたかも領土問題の解決があるかのような動きが見られた。当時の政権は「その動きを見せることで、外交を活発化させているとの印象を国民に与える」ことを狙った。しかし、ロシアが「ロシアに対する領土要求」を自己の国家安全保障概念の中で、国際分野における具体的な脅威として位置づけている時に、どうして北方領土の交渉が進展するのだろうか。

プーチン大統領就任とともにロシアの新たな戦略概念の創設が開始されたが、時を同じくして国際社会は激動の時代に入った。二〇〇一年には米国でブッシュ大統領が就任し、九・一一米国同時多発テロ事件が発生した。次いでアフガニスタン戦争、イラク戦争が起こる。米国戦略が大きく変わるから、ロシアの新たな戦略作成作業も遅れる。

これらの動きを背景に、メドヴェージェフ・ロシア大統領は二〇〇八年七月一二日にロシアの対外政策の基本方針を示す「ロシア連邦対外政策の概念」を承認した。

以下は、重要と思われる部分を抜粋したものである（外務省欧州局ロシア課『ロシア月報第

781号〈二〇〇八年七月号〉』「ロシア対外政策の概念」より)。

●最大の対外政策努力は以下の基本的目標の達成に集中されなければならない。

■国の安全保障、その主権及び領土一体性、世界社会における堅固で権威ある立場を維持・強化すること。

■国際問題解決での集団主義の原則及び国連憲章の規定を第一とする国際法の支配に基づき、また国際関係を調整し独自の合法性を有する基本的組織たる国連の中心的且つ調整役としての役割の下での国家間の対等のパートナー関係に基づく公正で民主的な世界秩序の確立を目的として全世界的プロセスに働き掛けること。

■近隣諸国との善隣関係を形成し、ロシア連邦に隣接する地域とその他の世界地域における緊張や紛争の現存する火種の除去と新たな火種の発生の予防を促すこと。

●ロシアの利害はそのほかの世界的傾向にも直接結び付いており、それには以下の傾向が含まれている。

■世界経済のグローバル化。

■世界の政治・経済における多国間外交や国際的な機構・メカニズムの役割の客観的高まり。

■世界の成長の新しい中心の経済力強化。
■地域的、亜地域的統合の進展。
●グローバル問題解決におけるロシア連邦の優先課題は次のものである。
①新しい世界秩序の形成。
②国際関係における法の支配。
③国際安全の強化。
■生れつつある多極性を含む現代情勢の基礎的傾向とリスクや脅威の多様化は、戦略的安定問題の解決がロシア連邦と米国の間の相互関係の領域だけにもはや限定することはできない。
■国際和平調停を武力紛争の処理と危機後の段階における国家建設の課題解決の有効な手段と見なし、国連主導及び地域・国際機構との連携の枠組みによる平和維持活動への参加を拡大していく。
■現代の紛争は武力によって解決されず、その解決は当事者の一部を孤立させるのではなく、全ての当事者を対話と交渉に参加させることによって模索するべきであるとの立場から、地域紛争が国際社会の集団的行動に基づいて政治・外交的に処理されることを目指す。

●地域的優先課題は次の通りである。
①CIS
ロシア対外政策の優先方面となっているのは、CIS諸国との二国間及び多国間協力を発展させることである。
②欧州
欧州方面におけるロシア対外政策の主要目標は、バンクーバーからウラジオストクに至るユーラシア地域の一体性を保障する地域全体の集団安全保障と協力の真に開かれた民主的システムを構築することである。
③米国
露米関係を戦略的パートナーシップの状態に移行させ、過去の戦略的原則の障壁を乗り越え、現実的な脅威に集中することである。
④アジア
ロシアの多面的対外政策の文脈において重要であり、ますます高まる意義を持っているのはアジア太平洋地域である。
■まずASEANとのパートナーシップのメカニズムへの積極的参加を継続する。
■アジアにおけるロシア対外政策の最重要方面は、中国及びインドとの友好関係の発展である。

■両国民の利益となる日本との善隣関係及び創造的パートナーシップを支持する。過去から継承された諸問題については、共通して受入可能な解決のための作業が継続されるが、この道における障害となってはならない。

この記述を見ておそらく驚かれる部分が多いと思う。まずロシアが国連等の役割を重視していることである。また「現代の紛争は武力によって解決されず、その解決はすべての当事者を対話と交渉に参加させることによって模索するべきである」と述べている点である。ソ連といえば、どの国よりも武力に訴える国というイメージがあった。いまは必ずしもそうではない。

ロシア外交にとって、最も重要なのは旧ソ連圏のCIS諸国である。我々にはロシアがなぜCIS諸国をそこまで重視するかは理解し難い。それぞれの国は、国家としては小さい。利用価値がある訳ではない。しかし、これら諸国は、かつてはソ連の一部であったので、ロシアにとっては自分の勢力圏という気持ちが強い。

プーチン首相は二〇一一年一〇月四日付の「イズベスチヤ」紙に論文を発表し、「ユーラシア同盟」の創設構想を打ち出した。二〇年前に崩壊したソ連の再統合を念頭においている。

では、ロシアの相手となる欧州、中国は、逆にロシアにどのように対応してきたか。

EUと中国は関係改善の枠組みを真剣に構築

EUはロシアとの友好関係樹立に積極的に動いてきた。

EUはロシアとの間に「パートナーシップ協力協定」を持っている。一九九四年に調印し、九七年一二月に発効した。協定は、EUとロシア間の政治と経済関係を調整し、ロシアとEU間の貿易投資関係の法的根拠となっている。

一九九七年五月二七日には「NATO・ロシア間相互関係・協力・安全保障に関する基本法」に調印している。ここでは「双方は互いに敵とは見なさない」「双方は過去の対立の跡を除去することに努める」「この基本法は協議と協力の目的とメカニズムを決める」「双方はNATO—ロシア間恒常的合同協議会をつくる」などを決めている。

二〇〇二年五月二八日、NATO—ロシア協議会が設立された。この協議会は、協議をし、合意を形成し、共同行動を行うためのメカニズムである。

一方、中国はロシアと六〇〇〇キロ以上の国境線を持っている。協力の可能性と同時に対立の可能性を孕んだ関係である。第二次世界大戦後の共産中国発足後、中ソ友好同盟相互援助条約が結ばれ、中ソ蜜月が喧伝された。その後六九年には中ソ国境で武力衝突した。中露関係は「蜜月」から「武力」紛争までの幅広い可能性を持っている。

中ソ関係は一九八〇年代末より改善の動きを見せ始めるが、九一年末のソ連崩壊後は、さらに両国は共に関係を安定的なものにする努力を重ねてきた。

一九九四年四月、エリツィンが訪中し、ここで中露は「戦略的パートナーシップ」を形成する。同年九月に江沢民国家主席がロシアを訪問し、エリツィン大統領との間で共同宣言を発表し「中露関係は活力に満ちた順調な発展を遂げ、両国関係は新型のパートナーシップである」と述べた。九六年四月、中国・ロシア・カザフスタン・キルギス・タジキスタンは「上海ファイブ」という協力機構を設立する。九七年四月中露は「国境地域相互兵力削減協定」に合意する。同じ月にエリツィンと江沢民は「世界の多極化と国際新秩序樹立についての中露共同声明」を発表し、ここで「戦略協力パートナーシップ」が確認された。二〇〇一年六月、「上海ファイブ」に新たにウズベキスタンを入れ、「上海協力機構」が設立される。〇四年一〇月には中国とロシアの国境が最終的に確定した。

そして二〇〇五年八月には初の中露共同軍事演習を実施した。共同軍事演習は〇七年八月、〇九年七月にも実施している。

こうして駆け足で見てみると、中露双方は冷戦後の新しい環境の下で、協力関係発展に努めていることがよくわかる。

さらに中国とロシアはエネルギー分野で協力関係を推進することが予定されている。両国は将来、年間三〇〇〇万トン（日量六〇万バレル）の石油をロシアが長期供給することで合意している。すでに東西シベリアから中国まで二本の天然ガス・パイプライン建設を行うことにも合意している。

冷戦時代、欧州とソ連は最も緊迫した関係にあった。中国も一九六九年の国境紛争を契機に緊張した関係が続いた。七〇年代、中国外交の柱の一つがソ連を念頭においた「反覇権主義」であった。

しかし、欧州と中国双方はソ連崩壊と冷戦の終了を境に、新しい協力関係を作り上げた。その努力を、EU諸国、中国は行ってきた。

では日本はこの時期に何をしていたか。冷戦後も「ロシアは悪」の認識から抜け出せない。そして相変わらず、領土問題を対ロ外交の基礎としている。

まずは北方領土の呪縛を解くことから始まる

第二次世界大戦以降、日本の対ロシア外交の中心は北方領土であった。

同じ宿命を負ったのはドイツである。奪われた領土は日本よりはるかに大きい。戦後、ドイツ帝国の基となったプロイセン王国の発祥地のほとんどがポーランドに移され、その分ポーランド領がソ連に割譲された。その広さは九州、四国、中国地方に相当する。これに対してアデナウアー西独首相は、「領土要求を放棄する訳ではないが、ソ連・ドイツの交渉案件とはしない」という形で、両国関係の発展に努めた。ロシアにとりドイツとの貿易は今日、最も重要なものとなっている。

では日本はどうか。

多くの日本人は北方領土について高い関心を持っている。しかし、第二次世界大戦以降の歴史はほとんど知っていない。主要点を整理しておきたい。

第一にポツダム宣言との関係である。

日本は第二次世界大戦に敗れ、ポツダム宣言を受諾した。ポツダム宣言には「日本国ノ主権ハ本州、北海道、九州及四国竝ニ吾等ノ決定スル諸小島ニ局限セラルベシ」との記述がある。したがって北方領土がどうなるかは「吾等〔連合国側〕ノ決定スル諸小島ニ局限セラルベシ」の中に入る。

第二に連合国内、特に米国とソ連の間には千島列島をソ連のものとするという合意がある。

第二次世界大戦中、米国には次の判断があった。

「我々の軍事専門家は日本本土に侵入すれば、日本軍の大部隊をアジアと中国本土に釘づけできた場合でも、少なくとも五〇万名の米国人の死傷を見込まなければならないとみた。したがって、ソ連の対日参戦は、我々にとって非常に重大なことであった」(『トルーマン(大統領)回顧録』、恒文社、一九六六年)

米国にとってソ連の対日参戦は極めて重要であった。ルーズベルト大統領は一九四三年一一月のテヘラン会議でソ連の対日参戦を要請し、四五年二月のヤルタ会談で「千島列島がソビエト連邦に引き渡されること」の内容を含むヤルタ協定が結ばれた。

トルーマン大統領はスターリンに対して千島列島の譲渡を約束している。トルーマン発スターリン宛通信(一九四五年八月一八日受信)でトルーマン大統領は「一般指令ナンバー1を、千島すべてをソ連軍極東総司令官に明け渡す領域に含むよう修正することに同意します」と約束している。

第三に日本はサンフランシスコ講和条約(一九五一年九月八日署名)で独立を果たした。この講和条約で日本は「日本国は千島列島に対するすべての権利、請求権を放棄する」とした。この会議で吉田茂首相は「千島南部の択捉、国後両島」と発言しており、択捉、国後が放棄の千島に含まれていることは明確である。

一九五一年一〇月一九日、西村熊雄条約局長は衆議院での国会答弁において、「条約にある千島の範囲については北千島、南千島両方を含むと考えております」と述べている。

こうして日本政府は国後・択捉をサンフランシスコ講和条約で放棄したにもかかわらず、その後これを「北方四島」の一部として要求していくことになる。

整理してみよう。日本はポツダム宣言を受け入れた。そしてサンフランシスコ講和条約に署名した。この二つを基礎とする限り、日本が国後・択捉を現在も日本領と見なすという法的根拠はない。それは歴史的事実である。かつ当時の日本の責任者が選択した政策によるものである。

日本が「我々はポツダム宣言を認めない。サンフランシスコ講和条約も認めない」というなら、それはそれで一つの考え方である。しかし、日本の生きる道は国際的な約束を守っていくことにある。その中では、ポツダム宣言とサンフランシスコ講和条約で日本は何を約束したかを学び、そこから出る結論、「国後・択捉は日本領ではない」ことを出発点とすべきである。

日本のロシア外交の出発点は北方領土の呪縛を解くことにある。

呪縛を解いた上で我々のなすべきことは、ロシアと協力関係の枠組みを地道に作っていくことである。

前述のように、ＥＵは一九九七年五月二七日に「ＮＡＴＯ・ロシア間相互関係・協力・

安全保障に関する基本法」に調印している。

中国は同じく、一九九七年四月二三日にエリツィンと江沢民の間で「世界の多極化と国際新秩序樹立についての中露共同声明」を発表した。

日本は何も、中露のように、「戦略協力パートナーシップ」を謳う必要はない。しかし、日本とロシアの基本的関係を構築していくことが重要である。

日本はロシアとの関係で長年領土問題を最大の懸案事項としてきた。いまでも政府が特別の予算を計上し、特別の部局を持ち、北方領土返還要求を続けている。多くの国民はそれが正しい政策だと信じてきた。その中で「まずは北方領土の呪縛を解くこと」と言われても、にわかに賛成できないであろう。しかし、そう考える人は自らポツダム宣言にあたって欲しい。サンフランシスコ講和条約を見て欲しい。そして国会答弁で日本の要人がいかなる答弁をしたかを見て欲しい。この事実に目をつむり、「国後・択捉は日本の領土だ」と主張しても、その主張は日本の中だけにしか通じない論理である。

では政策的にどのような対応をとるのが望ましいと考えているか。

具体的には「歯舞・色丹は一九五六年の日ソ間の合意に基づき日本に返還すること」「国後・択捉は歴史的事実を踏まえ日本・ロシアは解決を図ること。そのために協議を継続すること」で日本・ロシア間の合意を目指すことであろう。

北朝鮮への対応とは

日本の周辺、中国も、ロシアも大きなパラダイム変化を起こしている。そして朝鮮半島にも同じ流れが出ている。

二〇一一年一二月一七日、北朝鮮は金正日総書記が心筋梗塞で死去したと発表した。金正日は二〇〇八年から体調を崩し、一時三男金正恩を次期指導者とする流れが強まったが、その後健康を回復し、後継者の体制固めの動きは鈍化した。この中での死去である。世界中が金正日亡き後の北朝鮮がどうなるかに注目した。一二月二八日平壌で行われた告別式がヒントを与えた。

金正日の遺体を載せた霊柩車がゆっくり動き、その右側先頭が金正恩、その後に故金正日の妹婿である張成沢国防委員会副委員長、左側先頭に李英鎬軍総参謀長が立った。この位置どりは極めて明確なメッセージを内外に発信した。

金正恩を支えるには二つのグループがある。一つは軍、もう一つは金正恩の姻戚グループである。

北朝鮮は金正日以来「先軍政治」と呼ばれる体制をとっている。軍がすべてに優先する。葬儀の中でも、軍人の隊列の多さが目を引いた。北朝鮮では今後もしばらくは軍事を最優先する体制が敷かれる可能性は非常に高い。

次いで金正恩の姻戚グループである。その代表者が金正日の妹、金敬姫とその夫、張成沢である。このグループはまだ党内基盤が確固としていない。葬儀の数日前に葬儀委員リストが発表されたが、両名の順位は各々一四番目、一九番目程度である。それが葬儀で張成沢は李英鎬軍総参謀長と共に金正恩を支える最重要人物と扱われている。

張成沢の地位は単に個人の問題ではない。北朝鮮がどの方向にいくかを示す鍵となる。張成沢は二〇〇二年一〇月、労働党組織指導部第一副部長の肩書きで、韓国を訪問している。サムスン電子などを視察し、韓国経済の発展に深い関心を見せた。北朝鮮の将来は軍を中心として厳しい社会体制をとるか、自国の経済・社会の開放政策をとるかの岐路にある。後者の場合、張成沢が中心になる。

北朝鮮の動きに影響を与えるのは中国である。経済的困難にある北朝鮮は全面的に中国に依存せざるを得ない。中国は朝鮮半島の安定を望み、中国と同様北朝鮮が経済・社会の開放政策をとることを望んでいる。

北朝鮮は現在、軍を中心に西側に対する強硬路線を継続するか、経済・社会の開放政策をとるかの岐路にある。

日本はこうした状況で、北朝鮮との関係をどう進めていくかが問われている。

日本にとって、北朝鮮外交は、本来、難しくないはずである。日本は北朝鮮と国境線を接していない。国境問題など本来は二国関係に係わる重大な争点はない。

それに対して、すぐ反論が来るだろう。「あの国は独裁者の国だ。何をするかわからない」。

一つの文献を紹介したい。米国の政治・経済学者であるトーマス・シェリングの『紛争の戦略――ゲーム理論のエッセンス』（勁草書房、二〇〇八年）である。

シェリングは第二次世界大戦後、欧州へのマーシャル・プランに関与した。一九五〇年代前半大統領府で勤務する。この背景を持って学界に転じた。彼は八〇年『紛争の戦略』を出版する。この本は「Times Literary Supplement」（「タイムズ」紙が一九〇二年から発行している書評紙）の一九四〇年代から八〇年代にかけての一〇〇冊の本のリストの中に入っている。「一〇〇冊の本」のリスト自体大変に興味がある。作家ではオーウェル、カミュ、パステルナーク、ソルゼニツィンが入り、サルトル、アラン、グラムシ、トインビー、チャーチル、サミュエルソン、シュンペーター、ガルブレイスなど巨匠の作品がずらっと並んでいる。これに『紛争の戦略』が肩を並べている。シェリングは二〇〇五年にノーベル経済学賞を受賞した。

その英知を見てみよう。

紛争をごく自然なものととらえ、紛争当事者が「勝利」を追求しあうことをイメージするからといって、戦略の理論は当事者の利益がつねに対立していると見なす訳ではない。紛争当事者の利益には共通性も存在するからである。実際、この研究分野〔戦略〕の学問的豊かさは、対立と相互依存が国際関係において併存しているという事実から生み出される。当事者双方の利益が完全に対立しあう純粋な紛争など滅多にあるものではない。戦争でさえ、完全な根絶を目的とするもの以外、純粋な紛争とはいえない。

シェリングは「当事者の利益がつねに対立していると見なす訳ではない」とし、「当事者双方の利益が完全に対立しあう純粋な紛争など滅多にあるものではない。戦争でさえ、完全な根絶を目的とするもの以外、純粋な紛争とはいえない」と述べる。

北朝鮮に彼の言葉を当てはめて考えてみよう。北朝鮮は冒険主義的国家と言われている。しかし、我が国はいま、北朝鮮と戦争を行っている訳ではない。我が国だけではなく、北朝鮮もまた「戦争することが自国の利益にならない」と判断しているから戦争状態に入っていない。

レーガン大統領はソ連を「悪の帝国」と呼んだ。米国の多くの人はソ連を危険な国と見なした。しかし、そのソ連でも、自国の生存を重大視するという理性は働くとの前提に立ち、米国は一九七二年にソ連との間で、戦略兵器削減で合意した。米国はこの合意を安全保障の基本にした。

我々は北朝鮮との間で何を望むか、それを明確にし、その手段を考察すればよい。そうなると、第一に北朝鮮が日本に武力攻撃をしないこと、そして第二に、特に北朝鮮に核開発を行わせないことである。

まず、核開発から考えてみたい。

北朝鮮はなぜ核開発をするのか。筆者は『日米同盟の正体』でなぜ北朝鮮が核開発を目指すかについて「何十年も核の脅威と向き合ってきた北朝鮮が、もし機会があれば『抑止力』を開発しようと考えたのは別に驚くことではない」とする論を、マコーマックの『北朝鮮をどう考えるのか』（平凡社、二〇〇四年）から引用した。

そしてあわせて、キッシンジャーの『核兵器と外交政策』（日本外政学会、一九五八年）を引用した。

「核兵器を有する国は、それを用いずして無条件降伏を受け入れることはないであろう、一方でその生存が直接脅かされていると信ずるとき以外は、核戦争の危険を冒す国もないとみられる」

「無条件降伏を求めないことを明らかにし、どんな紛争も国家の生存の問題を含まない枠を作ることが米国外交の仕事である」

つまり、北朝鮮は国家及び政権が武力攻撃で崩壊させられると信じた時にはすべての軍事的手段を尽くす。それは核兵器の開発にもつながるし、核兵器での攻撃にもつながる。

したがって、我々の行うべき政策は「その生存を直接脅かさない」ことである。

我々の北朝鮮政策が、第一に北朝鮮が日本に武力攻撃をしないこと、第二に、特に北朝鮮に核開発を行わせないことであるなら、対北朝鮮政策の根本は「その生存を直接脅かさない」ことにすべきである。

それは、それぞれの政策が北朝鮮から見て「その生存を直接脅かされない」ものであるべきである。さらに、その他の政策も「その生存を直接脅かされない」という判断を下せる環境を整えてゆくことである。その意味で

	2008年	2009年
中国の輸出(千ドル)	2032468	1887741
中国の輸入(千ドル)	760077	793026
韓国の輸出(千ドル)	883409	732622
韓国の輸入(千ドル)	937373	933462
ロシアの輸出(千ドル)	96882	―
ロシアの輸入(千ドル)	13946	―
日本の輸出(百万円)	793	262
日本の輸入(百万円)	10000	3500

＊1000ドルは当時ほぼ100万円

図表20　主要国の対北朝鮮貿易

	2004	2005	2006	2007
日本の輸出(百万円)	9579	6883	5083	1096
日本の輸入(百万円)	17741	14536	9032	0

図表21　日本の対北朝鮮貿易

(図表20、21ともに『2010年アジア動向年報』アジア経済研究所、2010年より)

は、できるだけ早期に北朝鮮と国交を結び、経済的結びつきを強め、北朝鮮に対して日本との関係がプラスになるようにしていくべきである。

この点で、北朝鮮の貿易を見てみたい（図表20、21）。

安全保障で、望ましい姿は相互依存関係を深め、軍事的攻撃を行った場合には失うものが大きいという関係を作ることである。

図表20を見れば、北朝鮮がいかに中国に依存しているかがわかる。では日本との関係はどうか。二〇〇四年との比較において、〇五年、〇六年、〇七年と急速に縮小している。

北朝鮮と対峙している韓国でも、こんな落ち込みはない。

日本は意識的に北朝鮮との貿易を増大させ、北朝鮮との間に相互依存関係を高めていく必要がある。しかし、いま行っているのは逆である。

そうなると、「拉致の問題をどう扱うか」との問いが当然出てくる。

いま、日本側には北朝鮮に対する不信感がある。北朝鮮側にも日本への不信感がある。双方が信頼する機関か人に調査を依頼したらどうだろう。

国連の人権委員会があるかもしれない。国連安保理の依頼で動くということもあるかもしれない。あるいはカーター元大統領のように、日本・北朝鮮双方に信頼のある人に依託する方法があるかもしれない。

しかし、いずれにせよ、我が国にとって北朝鮮との関係で最も重要なことは「第一に北朝鮮が日本に武力攻撃をしないこと」「第二に、特に北朝鮮に核開発を行わせないこと」を十分に理解して政策を作るべきである。

現状の膠着状態は日本・北朝鮮双方の利益に反する。

第8章　戦略論で東アジアを考える

戦略的思考とは何か

この章では戦略論で東アジア情勢を考えてみたい。

個々の事象を正確に把握し、政策を提言することは重要である。

しかし、戦略論はものの考え方をより望ましい方向に導く道具である。道具を持つ人と、道具を持っていない人では出てくる成果物が違う。それは知的作業でも同じである。

今日、「戦略的」という言葉はあらゆる分野に使われているが、筆者は戦略を次のように見ている。

①人、組織が死活的に重要だと思うものを対象とすること。何か拙いことが生じても、人、組織に死活的な影響を与えないのであれば、それは戦略分野に入らない。

②死活的分野に明確な目標を設定すること。

③目標を実現させる道筋を考えること。

④相手の動きに応じて自分の最適な道を模索すること。

この①から④の要素が考察されているものが戦略といえる。さらに言えば、戦略を考察するには、一定の思考過程を経ている必要がある。

戦略の思考過程を明確に示したのが「マクナマラ戦略」である（図表22）。

つまり、戦略策定には次の過程を踏んでいる必要がある。

第一段階：外的環境の把握。
第二段階：外的環境における自己の強みと弱みの把握。
第三段階：目標の提案。
第四段階：複数の戦略を提示し、その比較。
第五段階：目標に向けての行動計画の策定。

この五段階を経ているものが、はじめて戦略と呼べる。

なぜ、ここで、マクナマラ戦略を紹介したか。多くの人は戦略的思考をしていると思っている。しかし、その戦略は多くの場合、任務別計画提案であり、資源配分を行うスケジュールである。

第2章で、米国がいま、自己の東アジア政策で①伝統的な日米関係を重視する、②米中二大大国が世界を調整する、③米国は部分的撤退を図るが、その分同盟国（主として日本）

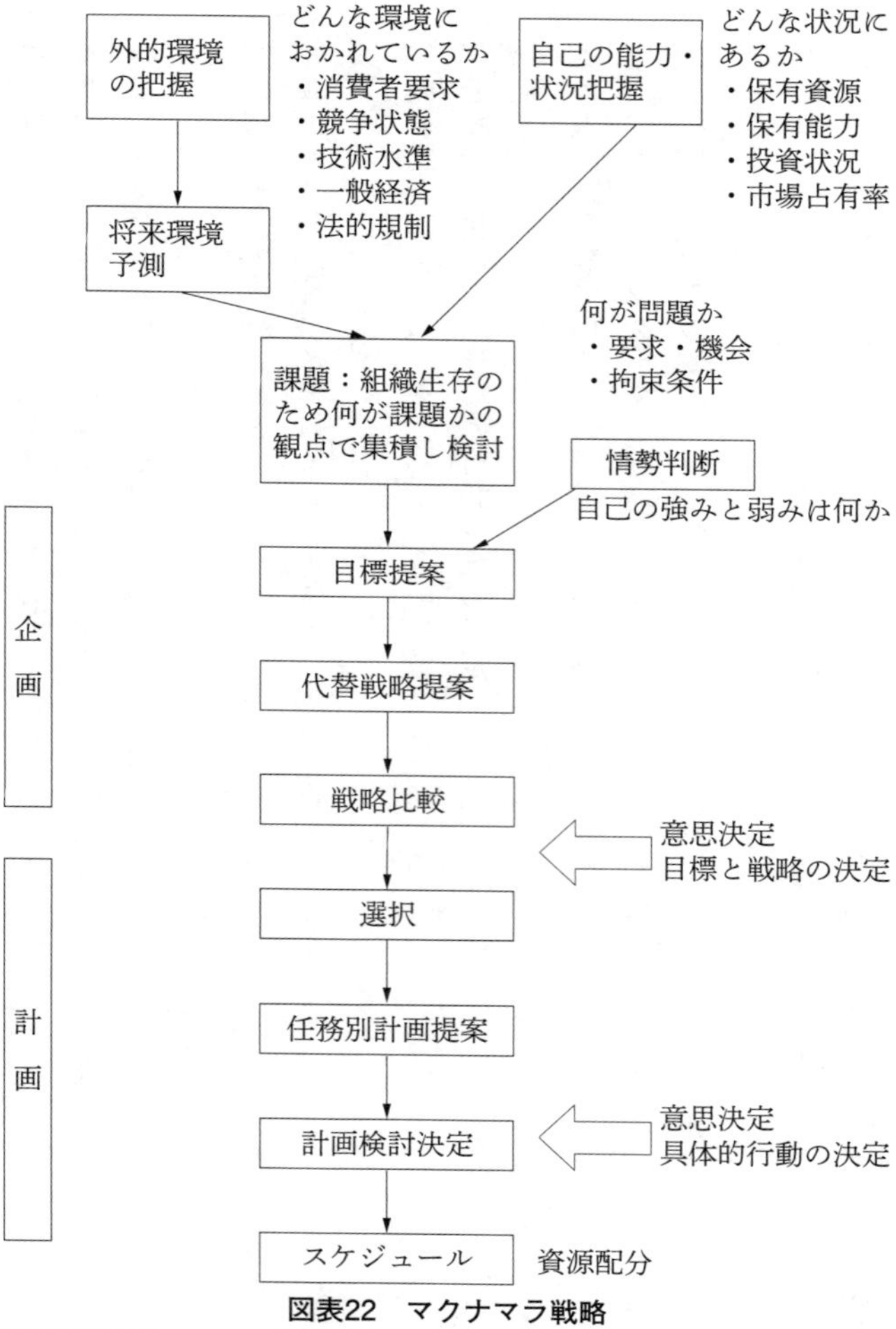

図表22　マクナマラ戦略

（馬淵良逸著『マクナマラ戦略と経営』〈ダイヤモンド社、1967年〉より筆者若干改訂）

で穴埋めさせ、共通の敵に当たらせる、④関係国で国際的枠組みを作っていくという四つの選択肢を考察していることを見た。

では我々の東アジアに対する選択は何か。その際に米国と同じように「代替戦略提案」と「戦略比較」をして、「選択」という過程を経ているか。

筆者は、日本の安全保障を論ずるもので、「戦略比較」をし、「選択」しているものに遭遇したことは、ほとんどない。

選択に当たっては当然、我々と相手との相対的力の比較を行う必要がある。この選択を行う際に貴重な教えがある。『孫子』だ。『孫子』の「謀攻篇の三」に次の記述がある。「十なれば、則ちこれを囲み、五なれば、則ちこれを攻め、倍すれば、則ちこれを分かち、敵すれば、則ちよくこれと戦い、少なければ、則ちよくこれを逃れ、若《し》かざれば、則ちよくこれを避く。故に小敵の堅《けん》は、大敵の擒《きん》なり」（戦争の原則としては、味方が一〇倍であれば敵軍を包囲し、五倍であれば敵軍を攻撃し、倍であれば敵軍を分裂させ、等しければ戦い、少なければ退却し、力が及ばなければ隠れる。だから小勢なのに強気ばかりでいるのは、大部隊の捕虜になるだけである）

いま、日中関係は相対的変化が出てきた時である。日本は中国に対し、長らく優位に立っていた。「味方が一〇倍であれば敵軍を包囲し、五倍であれば敵軍を攻撃し、倍であれば敵軍を分裂させ」るという戦略で臨み得た。

しかし、今後日中の力の差は圧倒的に中国優位に展開する。その時に日本人が己の相対的力を知り「少なければ退却し、力が及ばなければ隠れる」対応ができるか。現在の方向は、「小勢なのに強気ばかりでいるのは、大部隊の捕虜になるだけである」道に進む可能性が高い。

企業戦略から学ぶ

戦略とはもともと軍事分野で発展した。

しかし、戦略を①人、組織が死活的に重要だと思うものを対象とする、②死活的分野に明確な目標を設定する、③目標を実現させる道筋を考える、④相手の動きに応じて自分の最適な道を模索することとすれば、対象は何も軍事に限らない。

戦略を最も欲するのは企業である。実際に一九八〇年代から、戦略は企業戦略として発展する。そのことは逆に、国家戦略を考察する際にも発展した企業戦略を学ぶ必要がある。

企業戦略の古典としてロングセラーを続けるマイケル・ポーターの『競争の戦略』（ダイヤモンド社、一九九五年）は「企業戦略策定のプロセス」を次のように示している。

A企業がいま行いつつあるものは何か。
1どんな戦略か。
2戦略の基礎になっている仮説（前提）は何か。
B企業環境に何が起こりつつあるか。
業界分析、競争業者分析、社会分析、自社の長所と弱点。
C企業は今後何をしなければならないか。
仮説と戦略の点検。どんな戦略がありうるか。ベスト戦略の選択。

こうしてみると、ポーターの戦略はマクナマラ戦略と極めて近いことがわかる。ここでも、「企業環境に何が起こりつつあるか」という「外部環境の把握」と「代替戦略の提言と戦略比較」を重視している。

このポーターの戦略の一部を特化させて発展させたものにSWOT分析がある。フレッド・デイビッドの『戦略的マネジメント』（ピアソン・エデュケーション、二〇〇〇年）にあるTOWSマトリックスを見てみたい（図表23）。

SWOT分析で重要なことは、自分の「強み」と「弱み」を認識し、「機会」と「脅威」

	強みの一覧表 強み：S	弱みの一覧表 弱み：W
機会の一覧表 機会：O	**SO戦略** 強みを生かして機会を最大限に活用する	**WO戦略** 機会を最大限活用することで、弱みを克服する
脅威の一覧表 脅威：T	**ST戦略** 強みで脅威を最小限にする	**WT戦略** 弱みを最小限にして脅威を避ける

図表23　TOWS マトリックス

にどう対応するかを考える必要がある。逆にいえば、自分の「強み」と「弱み」を十分認識していない戦略は不十分な戦略である。

では日本の安全保障や外交を論ずるものに、自分の「強み」と「弱み」を分析したものがどれだけあるだろうか、そこから「機会」と「脅威」にどう対応するかを論じたものがどれだけあるだろうか。

企業戦略では、もし各企業がＳＷＯＴ分析の要素を入れずに企業戦略を組み立てているとしたら、その戦略は弱いと指摘される。

同様に、もし自分の「強み」と「弱み」の十分な分析を行わずに国家戦略を論じているとすれば、その国家戦略ははなはだ弱い戦略と言わざるを得ない。しかし、日本の戦略を述べたものに、この「強み」と「弱み」を冷静に分析したものはほとんどない。

日本の周辺には大量の核兵器を持つ中国、ロシアが仮想敵国として存在する。この弱みをどう克服するかが最大の課題となる。

ノーベル賞受賞者の知恵から学ぶ

ジョン・ナッシュは一九九四年、「ナッシュ均衡」というゲームの理論を確立した功績でノーベル経済学賞を受賞した。

戦略的に見れば、「ナッシュ均衡」は戦略論の新境地を開拓した。我々が考える最善の戦略は、自らの国のあるべき姿を考えて出て来るのではなく、相手国の動きによって最適な戦略が変わることを数学的に証明した。

昔から、日本の戦略家と呼ばれる人は、相手と関係なく「自らどう生きるべきか」を考え、それを戦略とした。最適の戦略はそうではない。自分にとっての最適な選択ははじめから存在しているのではない。相手の動きによって最適な選択は変化する。

前章でも紹介したシェリングは、「ゲームの理論的分析を通じて紛争と協調への理解を深めた」功績でノーベル経済学賞を受賞した。彼の主張をいま一度、代表作『紛争の戦略』から見てみたい。

●「勝利」という概念は、敵対する者との関係ではなく、自分自身がもつ価値体系との関係で意味を持つ。このような「勝利」は、交渉や相互譲歩、さらにはお互いに不利益となる行動を回避することによって実現できる。

●多くの紛争は本質的に交渉状態にある。ある紛争当事者の目的の実現が、他の当事者の選択や決定に大きく依存する。

●紛争行動を交渉過程としてとらえれば、対立と共通利益のどちらか一方にのみ関心を傾けてしまう危険を回避することができる。限定戦争における作戦や戦闘を交渉過程として考えることができるならば、紛争対象をめぐる利害の対立の側面に加えて、当事者双方にとって利益となる結果が存在すること、そしてそこへたどり着くことに共通利益が存在することを明確に理解できるようになる。

●ゲームの理論は、他者がどう行動すると予測するかに各当事者の最適な行動が依存している。

我々が外国に物事を要求する際、その物事が我々にとってどれくらいの重要性を持つか、それは与えられた状況によって変わる。

国家間の問題で一番難しいのが領土問題である。多くの場合、「領土の主権を尊重することは絶対だ」という思想がある。しかしここでも、他の問題との比較の結果、領土問題で譲歩するのは十分ありうる。

日本を例にとって考えてみよう。

第二次世界大戦の終わりで広島、長崎に原爆投下があった。日本にとり終戦は極めて重要な課題となった。戦争を続ければ、どれくらい被害が広がるかわからない。第三、第四の広島、長崎が出るかもしれない。結局、日本はポツダム宣言を受諾した。ここでは日本の領土については「日本国ノ主権ハ本州、北海道、九州及四国竝ニ吾等ノ決定スル諸小島ニ局限セラルベシ」となっている。本州、北海道、九州、四国以外の島については、終戦を勝ち取る上では、優先順位は高くなかった。

「日本固有の領土を守る」という条件が勝ち取れなければ終戦はしないと主張した人はいない。

一九五一年のサンフランシスコ講和条約で日本は、済州島、台湾、千島列島等を放棄した。講和条約を結び、日本が国際社会に受け入れられることを、領土問題よりも重視した。

竹島を見てみよう。一九六五年国交回復時、日本韓国間で日韓紛争解決交換公文が交わされている。ここには次の記載がある。

「両国政府は、両国間の紛争は、まず、外交上の経路を通じて解決するものとし、これにより解決することができなかつた場合は、両国政府が合意する手続に従い、調停によつて解決を図るものとする」

日本は竹島をこの交渉で解決することは目指していない。日韓の国交回復を行うことが、竹島問題の決着よりも重視された。

尖閣諸島はどうか。一九七二年日中間で国交正常化の際、周恩来首相が「日中は大同を求め小異を克服すべきである」と言い、田中角栄首相は「大筋において周総理の話はよく理解できる。具体的問題については小異を捨てて、大同につくという周総理の考えに同調する」と述べた。さらに田中首相が「尖閣諸島についてどう思うか」と問うたのに対して、周恩来首相は「尖閣諸島問題については、今回は話したくない」として会談を終えている。ここでも日中双方は、尖閣諸島で白黒つけるよりも、それを棚上げにして、両国関係発展を図る道を選んだ。

国際的に見れば、紛争当事国が領土問題よりも関係改善を重視した例は山のようにある。

紛争が生じた時に「『勝利』という概念は、敵対する者との関係ではなく、自分自身がもつ価値体系との関係で意味を持つ」ことが理解できるかどうかが、極めて重要になる。

日本では北方領土や、竹島や尖閣諸島の比重が極めて高い。実は両国との関係を深め、紛争を避けることを模索することの方が重要なのでないか。第二次世界大戦以降、少なくともドイツはその選択をした。

「『勝利』という概念は、敵対する者との関係ではなく、自分自身がもつ価値体系との関係で意味を持つ。このような『勝利』は、交渉や相互譲歩、さらにお互いに不利益となる行動を回避することによって実現できる」との言葉を是非とも学びたい。そしてその精神で我が国の戦略を考えてみたい。

ゼロサムと非ゼロサム

国際社会は、しばしば「ゼロサム・ゲーム」と見られる。一方の国が失った分だけ、別の国が利益を得るという考えである。

ゼロサム・ゲームが一番わかりやすいのは麻雀である。勝った点数分、誰かが同じ点数を負けている。点数の合計はゼロである。誰かが得した分だけ他の誰かが損している。

領土問題がその典型例である。一方が獲得すれば、他方は失う。

第1章でも登場したオリバー・ラムズボサムの『現代世界の紛争解決学』掲載のゼロサムの結果と非ゼロサムの結果の図表（**図表24**）で考察してみたい。

1の点ではBの利益が一〇〇%充足され、Aの利益の充足は〇%である。

ゼロサムの場合はA、Bの意識はAからBの線上にある。どちらかが勝つウィン・ルーズの関係か、AB線上のどこかで妥協した関係かである。

領土問題でABが争ったとしよう。領土の落ち着きはAB線上のどこかで決まる。Bの言い分が通って、1になった時にはAの充足度はゼロである。逆にAの言い分が通って2になった時にはBの充足度はゼロである。

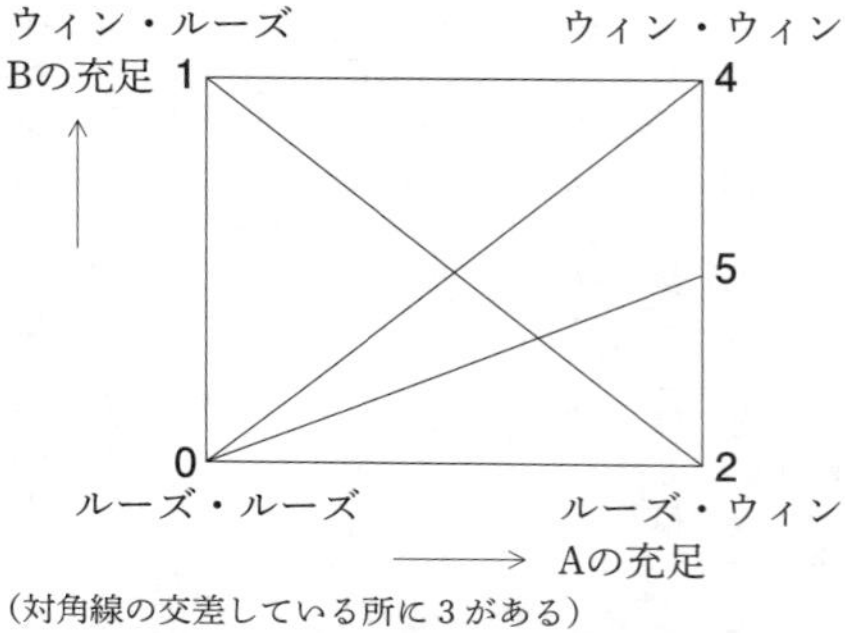

（対角線の交差している所に3がある）

図表24　ゼロサムの結果と非ゼロサムの結果

問題はABが領土を巡り、戦った時だ。その際には国土崩壊という悲惨な状況が生じる。第二次世界大戦でドイツ、フランスが戦った状態だと思えばよい。図表では「ルーズ・ルーズ」の0の地点になる。

とりあえず、領土問題を棚上げにして協力関係を結んだとしよう。今日の欧州連合（EU）の状態がそうである。この時には「ウィン・ウィン」の関係になる。4の地点である。また、尖閣諸島を考えてみよう。日中双方がとりあえず尖閣諸島を棚上げにして、東アジア共同体を作ったとしよう。この時には基本的には「ウィン・ウィン」の関係で4の地点に近いが、日本の管轄が認められているため、A（日本）の充足度は満点、B（中国）の充足度はやや低い状況になる。5の地点にあると言ってよい。

領土問題等で紛争が起こったとしよう。それをゼロサムの1から2のラインで考えてしまうか、より広い視点を持ち込み、0から4のラインの視点で考えられるかの問題になる。

我々は外交安全保障問題を1から2のラインで考えるのではなく、0から4のラインで考察する必要がある。

我々は多くの場合、ゼロサムの考え方、1から2の線上で考えてきた。それを0から4の線上で考えられるようになるか。日本人への知的挑戦である。

紛争への五つのアプローチ

ラムズボサムの『現代世界の紛争解決学』には、「紛争への五つのアプローチ」の図表もある（図表25）。

ラムズボサムの説明を見てみよう。

「紛争における典型的な習癖は、自分自身の利益保全を最優先することである。たとえば、カインの利益がアベルの利益と衝突すると、カインは往々にしてアベルの利益を無視

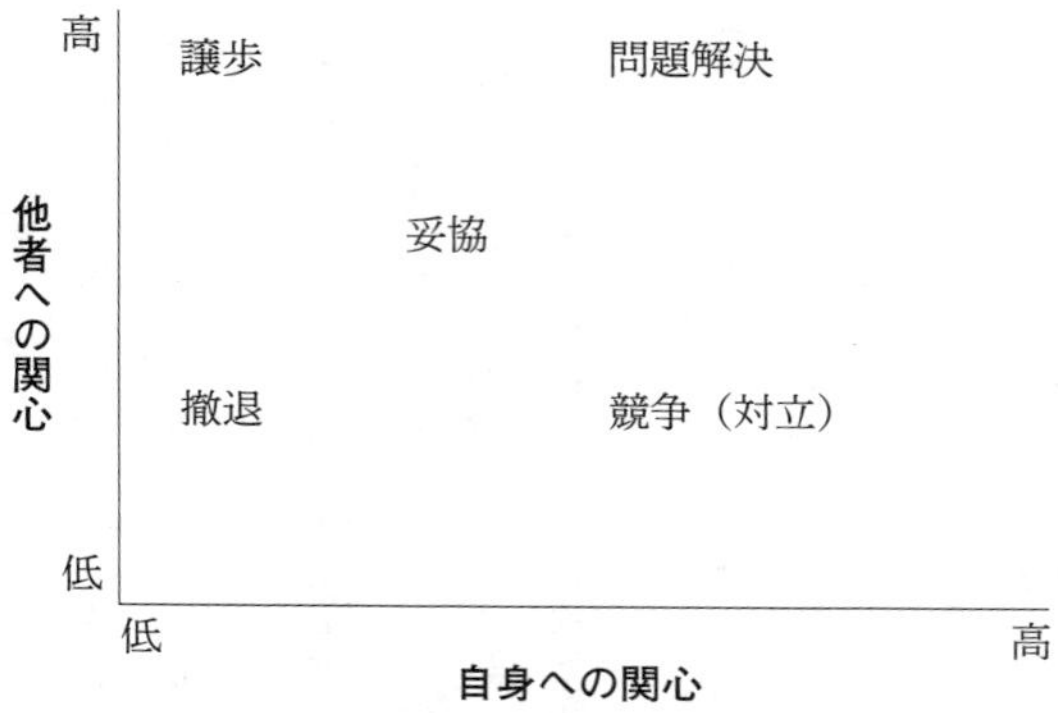

図表25　紛争への五つのアプローチ

するか、積極的にアベルの利益にダメージを与えようとする」（カインとアベルは、アダムとイブがエデンの園を追われた後に生まれた兄弟。カインは長じて農耕を行い、アベルは羊を放牧。カインはアベルに嫉妬し、これを殺害。カインはこの罪により追放される）

紛争においては、国家の指導者は国益を守り、他者の利益を妨げることが期待される。しかしこれは唯一可能な選択ではない。

図表25では、自身への関心と他者への関心が高いか低いかによって対応が五つに分類されている。一つ目はカインのように自身への高い関心を、他者には低い関心を持つ、というケースで「競争（対立）」型である。二つ目のアプローチは譲歩で、これは自身よりも他者の利益への関心がより高いことを示している。三つ目は、引き下がって紛争を回避した場合で、これは自身と他者への関心がともに低いこと

を示している。四つ目のアプローチは、自身の利益と他者の利益への関心の均衡を保ち、順応と妥協への道を探る場合である。そして五つ目のアプローチが自身と他者の双方の利益に対して高い配慮をする場合で、これは自身の利益も強く主張するが、他者の希望とニーズに対しても同じくらい高い配慮をすることにより、創造的な問題解決を模索する原動力を生み出すというものである。これこそが紛争解決分野に携わる多くの人々が、可能な限り用いるよう奨励されるアプローチである。

二〇一一年秋学期、筆者は上智大学で戦略論の講義を行った。ここで「自身への関心」と「他者への関心」の座標軸をホワイトボードに書き、「妥協」「譲歩」「撤退」「競争（対立）」「問題解決」の位置を学生に記入してもらった。学生は見事にその位置を示した。学生は「妥協」「譲歩」「撤退」「競争（対立）」「問題解決」という異なった対応が「自身への関心」や「他者への関心」と密接に関係していることを理解していたのである。

ラムズボサムの重要な指摘は、「相手の利益、主張に関心が低い時に攻撃的、競争的になる」という点である。

日本が抱える紛争の火種は領土問題である。ここで顕著なのは日本側が領土問題について、相手方の主張をほとんど知らないことである。自分の主張には強い関心を示し、相手の主張にはほとんど関心を示さない。紛争処理に際して、最も悪いパターンである。

「リアリズム」から「複合的相互依存関係」へ

国際政治には「リアリズム」と呼ばれる考え方がある。この考え方は次の特徴を持つ。

①行動する主体は国家である。国家の追求する目標は、安全保障である。
②国際関係におけるパワーは軍事力である。

この考え方は、第二次世界大戦まで、国際社会の中心をなしていた。これに対して「複合的相互依存関係」の考えが出された。その特徴は「リアリズム」の逆である。

①国家だけが重要な主体ではない。EU等脱国家的主体が出てきた。
②安全保障の重要性が後退する。経済、社会、福祉等の重要性が増す。
③軍事力に加え、経済的手段などが重要になる。

ジョセフ・ナイは『国際紛争』（有斐閣、二〇〇二年）で次の表を作成している（図表26a、26b）。

a

リアリズム←――――――――――――――――――→**複合的相互依存**

イスラエル/シリア　　米国/中国　　米国/カナダ
インド/パキスタン　　　　　フランス/ドイツ
（戦争の可能性あり）　　　　　（戦争の可能性なし）

b

リアリズム←――――――――――――――――――→**複合的相互依存**

米国/カナダ（1814年武力衝突）　　米国/カナダ（今日）
フランス/ドイツ（第一次、第二次世界大戦）　フランス/ドイツ（今日）

図表26　リアリズムから複合的相互依存関係に至る分布の図解

（aは『国際紛争』より筆者一部追加、bは筆者作成）

今日アメリカ・カナダの関係やフランス・ドイツの関係は「複合的相互依存関係」として互いの戦争は考えられない。しかし、時間軸を広げると常にそうだった訳ではない。今日の状況は意識的な努力によって構築されたものである。

「リアリズム」中心で動く国際社会をいかに「複合的相互依存関係」に移行させるか、それが国家の安全を考える人の責務である。

この章ではいくつかの戦略を見た。これらの戦略は、「日本の将来」を考える道具である。道具を持てば、高い質の作業ができる。

第９章　日本の生きる道——平和的手段の模索

大きく変わる東アジアのパラダイム

日本を取り巻く環境を整理してみよう。

第一に、日本の隣国中国は、経済・軍事両面で米国と肩を並べる大国になる。いくつかの分野では米国を凌駕する。このような事態は明治維新から今日まで、一五〇年間生じていなかったことである。

第二に、この変化の中、米国は中国を東アジアで最も重要な国と位置づける。これは、第二次世界大戦以降、米国が日本を最も重要な国と位置づけてきた事態と異なる。

第三に、二〇二〇年頃、中国は米国に経済的に追いつくことが予想される。その時、日本対中国の経済規模は一対三くらいになる(現在日米の経済規模は一対三)。米国はGDPの四%を国防費に使用している。中国は国防支出を米国並みにすることを目指す。したがってGDPの四%くらいは支出する。その時の中国の国防費支出と日本の防衛費支出は一二対一となる(日本の防衛予算はGDP比一%とする)。

この状況下、日本が軍事的に中国に対抗することはあり得ない。

第四に、軍事力で米中が接近する状況で、米国が日本を守るために中国と軍事的に対決することはない。

①中国が大量の核兵器で米国を攻撃できる能力ができた段階で「核の傘」は存在しない。
②日本周辺での米中間の通常兵器の軍事バランスは中国優位になる。
③中国の在日米軍攻撃は中国本土の至る所から実施できるのに対し、米軍は日本など限られた基地からでしか対応できず、中国の攻撃に極めて脆弱である。
④米国の軍事思想の根幹にはトゥキュディデスの『戦史』がある。ここでは「アテネの滅亡は、アテネの国益に密着していない同盟国を助けたことにある」との教訓がある。米国の安全保障関係者はほぼすべてこの教訓を学んでいると言ってよい。
⑤第五に日本は隣国、ロシア、韓国、中国との間に領土問題を抱えている。この中、尖閣諸島をめぐっては、将来日中が軍事衝突する可能性を孕んでいる。
⑥第六に日本は過去二〇年が「失われた二〇年」と言われ、経済停滞の中にあった。しかし、人口の高齢化、財政赤字、円高に起因する日本企業の競争力低下などの問題は一段と深刻化し、経済が好転する見通しが小さい。
以上のように日本を取り巻く環境は過去と異なり、一気に厳しくなっていく。

課題の第一は日本人が厳しさを認識できるか

戦略は「人、組織が死活的に重要だと思うものに、明確な目標を設定し、目標を実現させる道筋を考えること」である。

本書ではマクナマラ戦略を見た。そこでは、戦略を考える道筋の中で、最初に行うべきなのが、自分のおかれた外的情勢を客観的に分析することである。

いま、我々は東アジアの情勢に対処するにあたって、自分の外部環境を客観的に分析することができていない。これができなければ、出て来る戦略は欠陥品となる。

第1章で、PEWが世界各国で「中国は超大国として米国を抜くか」の世論調査を行ったのを見た。ここでは①米国自身も含め、世界の主要国では、多数が「中国は超大国として米国を抜く」とした、②二〇〇九年から一一年にかけて大きい変化があり、中国がGDPで日本を抜いたことがその変化の大きな要因と見られる、③しかし日本だけは「中国は超大国として米国を抜けない」が多数である。かつ二〇〇九年から一一年にかけ、その動向は何らの変化も見せていない点を主張した。

この新しい動きは、日本人にとり、心地よいものではない。できれば見ずにすませたい。中国の軍事大国化が進む中、「日本が軍事的に中国に対抗することはあり得ない」という状況も、多くの日本人にとって、受け入れ難い。できるなら、自分の国が外国に太刀打ちできる軍事力を持ちたい。それは当然の願いである。しかし、「中国のGDPが日本の三倍になる、中国がGDPの四%程度を国防費に使う」ことを前提として考慮すれば、日本が太刀打ちできる軍事力を持つのはあり得ない。それをしようとすれば、日本はGDPの一二%を国防費に費やさなければならない。それは実現できない。

第8章で孫子を引用した。孫子は「戦争の原則としては、味方が一〇倍であれば敵軍を包囲し、五倍であれば敵軍を攻撃し、倍であれば敵軍を分裂させ、等しければ戦い、少なければ退却し、力が及ばなければ隠れる。だから小勢なのに強気ばかりでいるのは、大部隊の捕虜になるだけである」と指摘している。

望ましい戦略は、相手と我の力関係を冷静に判断し、最も適切な戦略を選択することである。「こうしたい」では望ましい戦略が出ない。相手と関係なく「戦う」という選択をすれば、敗れ、滅びる運命が待っている。

領土問題解決への道

国際的に見ると、領土問題は武力紛争につながる可能性が高い。

前章でも触れたラムズボサムの『現代世界の紛争解決学』は次の表を掲げている(図表

27）。

この表を見ると、領土問題がいかに紛争につながっているかがわかる。ヨーロッパでも、中東でもアジアでも紛争の主因となっている。

領土は、国民的感情を高ぶらせる。そしてすぐに紛争にエスカレートさせる。それだけに領土問題の管理が重要である。

前章で紹介した図表25でも見たように、「自身への関心」が高く、「他者への関心」が低い場合、「競争（対立）」に向かう傾向を示している。

だからこそ他者への関心を持つことが、実は、問題解決につながるのである。

	政府	領土	合計
ヨーロッパ	0	6	6
中東	3	6	9
アジア	7	12	19
アフリカ大陸	15	4	19
アメリカ大陸	5	0	5

＊政府（政治体制の種類、中央政府やその構成の変化）
＊領土（領土支配〈国家間〉、分離や自由）

図表27 タイプ別大型武力紛争の地域的分布（1990－2002年）

今日、日本では「他者への関心」が極端に低い。日本の新聞の国際面の記事がいかに少ないか。一流紙と自称する新聞でせいぜい一面か二面である。世界の一流紙の国際面と比較すれば、「日本の報道がいかに貧弱か」がわかる。国際的に見れば我々日本人の国際情勢への関心と認識が低いことがわかる。そのことは、日本の対外政策を「競争（対立）」に持っていく傾向を持つ。我々日本人は自分たちを好戦的な民族と見なしていない。しかし、外交・安全保障問題では「自身への関心」が高く、「他者への関心」が低い。他のどの国よりもその傾向が高いかもしれない。我々は自ら認識していないが、実態は大変に好戦的な状況にある。

尖閣での中国の主張、竹島での韓国の主張

我々日本国民は領土問題に極めて強い関心を持っている。北方領土、竹島、尖閣諸島に対して、我々がなぜ自国領と主張するかの根拠を大体知っている。しかし、相手国の主張をどの程度知っているだろうか。私は講演等でしばしば「尖閣諸島について中国はなぜ自国のものと主張していますか」「竹島について韓国はどのような歴史的根拠を示しているか」を聞く。その結果、驚くほど、ほとんどの人が相手国の主張を知らない。

講演の時、私は「個人のレベルで喧嘩する時には、相手が何を主張しているかはわかっているでしょう。ではなぜ国家の問題になると、相手の言い分を十分に知らずに、『けしからん。断固対応すべきだ。なめられるべきでない』になるのでしょうか」と問う。

北方領土、竹島、尖閣諸島において、日本の政策は対立的である。それは「自身（の主張）への関心」が高く「他者（の主張）への関心」が低いことに起因する。日本人が北方領土、竹島、尖閣諸島における相手国の主張に耳を傾けることができれば、「自身への関

心」と「他者への関心」のバランスがとれ、「妥協」や「問題解決」に進む。

領土問題の解決の第一歩は相手の主張を知ることである。

まず、尖閣諸島での中国の主張を「北京週報」一九九六年ナンバー34「釣魚島に対する中国の主権は弁駁を許さない」で見てみたい。釣魚島は尖閣諸島の中国名である。


中国が最初に釣魚島を発見し中国の版図に入れた。沖縄海溝一帯の風波が高く、古代の木造船が琉球から釣魚島に行くのは不可能であり、他方釣魚島付近は魚類が豊富なため台湾の漁船はよくこの一帯に行っていた。だから中国の古代の史書は釣魚島と称している。

一五世紀から中国の歴史的文献にはすでに釣魚島についての記載がある。一五三四年冊封使陳侃は赤尾嶼（釣魚島の一部）を過ぎさらに東に進むと「琉球に属する古米山（久米島）」が見えてくると書いている。これはつまり、古米山以西の赤尾嶼などの島嶼は中国の領土である。一五六二年、明朝のもう一人の冊封使は「赤尾は琉球地方と界する山なり」と書いている。

明の嘉慶年間に出版された『日本一鑑』にも「釣魚島は小島小嶼なり」と書かれている。

「小島」とは同書の付図の指す台湾であり、ここでは「釣魚島は台湾に付属する小さな島である」という意味である。清朝の時期になると、別の冊封使汪楫は一八六三年赤尾嶼と古米山の間に深い海溝があり、これが「中外の界」であると書いている。以上の事実は、釣魚島は中国人が最初に発見したものであり、しかも一五世紀からすでに中国の版図に入ったことを示している。在来の国際法の「発見」を領土取得の根拠にすることができるという規定に基づけば、釣魚島は遅くとも一五世紀から中国の領土となっている。

一五五六年明は胡宗憲を倭寇討伐総督に任命した後、彼はその編纂した『籌海図編』の中で釣魚島などを中国福建省海防区域に入れている。

一八九三年則天武后は盛宣懐に釣魚島を下賜する詔書を出した。

さらに最近の事象については、（1）日本の東京裁判所は一九四四年釣魚島は「台湾州」の管轄とした。日本支配下の台湾警備府長官だった福田良三も釣魚島が彼の管轄区内であることを認めた、（2）米国国務省のマッククラウスキーは沖縄を返還する時、「米国は施政権を日本側に返還するが、米国は施政権と主権が別個のものであると考える、主権問題をめぐり食い違いが出た時には当事国が協議して解決すべきである」と解釈した、（3）一九五〇年六月二八日、周恩来外交部長は「台湾と中国に属するすべての領土の回復」を目指す中国人民の決意について声明を行った（一九七一年一二月三〇日釣魚島の所有権問題に関する中国外交部声明において言及）。

こうした状況を反映し、米国は「尖閣諸島の領有権についてはどちら側にもつかない」との立場を明らかにしてきている。

では竹島はどうか。金学俊（仁川大学総長、韓国政治学会長、東亜日報社長）の『独島・竹島　韓国の論理』（論創社、二〇〇四年）は次のように記述している。

●一一四五年の『三国史記』に「于山国」（竹島）の記述がある。一四五一年の『高麗史』は「鬱陵島」以外に「于山国」があるということを韓国の史書で明示されたはじめての事例である。一四五四年の『世宗実録』は「于山、武陵二島在県正東海中」と記している。

●一五三一年の『新増東国輿地勝覧』の『八道総図』と『江原道部分図』という地図が東海に朝鮮の領土として、「鬱陵島」と「于山島」を並べて以来、朝鮮王朝の時に作られた地図のほとんどが、「鬱陵島」と「于山島」を並べて描いている。

●一六九三年に安龍福が鬱陵島に連れてこられた時、安龍福は「私が我が国の領土を思いのまま歩き回っているのにいかなる理由で捕まえることができるか」と隠岐島の島主と伯耆守に問い詰めている（『粛宗実録』（一六九三年）などに記載）。

●一七八五年の林子平『三国接壌地図』は竹島（独島）と松島（鬱陵島）を正確な位置で描き入れた後、この島を二つとも朝鮮国の色である黄色で示した。

●日本陸軍省参謀局が一八七五年に作った『朝鮮全図』は松島を朝鮮の領土とした。日本海軍省は一八七六年に『朝鮮東海岸図』を編纂した。この地図で松島を「朝鮮の領土」に含めた。

●一八九八年の『大韓輿地図』と九九年の『大韓国全図』において独島も大韓帝国の領土に属しているのをはっきりと見せている。

●一九〇〇年一〇月二五日大韓帝国は勅令で管轄地を「鬱陵全島と石島」とした。石島が竹島である。

こうした主張と我々の主張を対比してみる必要がある。そして、日本、中国、韓国それぞれに言い分があることがわかると思う。その時にはじめて「紛争への五つのアプローチ」の「競争（対立）」ではなく「妥協」や「問題解決」の方向に動く。

領土問題を武力紛争にしないための知恵

これまで、領土問題が容易に武力紛争につながるのを見てきた。日本は隣国と「北方領土問題」「尖閣諸島問題」「竹島問題」を抱え、いずれもロシア、中国、韓国との良好な関係の発展に障害となっている。この中、我が国は領土問題にどのように臨んだらよいのであろうか。

①まず相手の主張を知り、自分の言い分との間で各々がどれだけ客観的に分があるかを理解し、不要な摩擦は避ける。

残念ながら、日本は、尖閣諸島、竹島、北方領土でこの作業をほとんど行ってきていない。日本の主張点のみを考え、そこから政策を作っている。この態度は武力紛争に進展する可能性が高い対応である。

②領土紛争を避けるための具体的な取り決めを行う。

二〇〇二年一一月に署名された中国とＡＳＥＡＮ間の「南シナ海の行動宣言」は「領有

権紛争は武力行使に訴えることなく、平和的手段で解決する」「現在（当事国に）占有されていない島や岩礁上への居住などの行為を控え、領有権争いを紛糾、拡大させる行動を自制する」の項目を有している。

残念ながら、日本の多くの人は逆の発想をしている。「岩礁上への居住などの行為を控え、領有権争いを紛糾、拡大させる行動を自制する」ことが正しいとは判断せず、自己の領有権をより明確な形で示すことが正しいと見ている。しかしその行動は、相手国にも同じ行動をとらせることとなる。その結果、軍事紛争に発展する可能性を拡大させる。

③国際司法裁判所に提訴するなど、解決に第三者をできるだけ介入させる。
④緊密な多角的相互依存関係を構築する。
⑤国連の原則を前面に出していく。

国連憲章第二条第四項は「すべての加盟国は、その国際関係において、武力による威嚇又は武力の行使を、いかなる国の領土保全又は政治的独立に対するものも、また、国際連合の目的と両立しない他のいかなる方法によるものも慎まなければならない」としている。

中国は自国内に異なる民族を抱える。これらが独立運動を起こすのを警戒している。その際外国の勢力が独立運動を支援することを恐れている。この環境の中で、中国は領土保全を犯す軍事行動には反対である。したがって、中国は、他のどの国よりも「領土保全」を重視する国連憲章を守る体制が望ましいと考えている。中国は安全保障問題で各国と合意する際には、しばしば国連憲章の遵守に言及している。

このことから、中国との関係において、国連憲章の遵守を唱え、軍事行動を抑制することが望ましい。

⑥日中間で軍事力を使わないことを共通の原則とし、それにしばしば言及する。これによって、お互いに遵守の気運を醸成する。

一九七二年の日中共同声明は第六条において、「主権及び領土保全の相互尊重、相互不可侵、内政に対する相互不干渉、平等及び互恵並びに平和共存の諸原則の基礎の上に両国間の恒久的な平和友好関係を確立することに合意する」としている。

また、一九七八年の日中平和友好条約第一条で、再度「両締約国は、主権及び領土保全の相互尊重、相互不可侵、内政に対する相互不干渉、平等及び互恵並びに平和共存の諸原則の基礎の上に、両国間の恒久的な平和友好関係を発展させるものとする」としている。
⑦領土問題は領土だけでは紛争は生じない。しばしば、地下資源や漁業資源がからむ。したがって、地下資源や漁業資源についての合意を行い、それを遵守する。日中間には「日中漁業協定」がある。資源に関する共同開発などの話もある。これらを進め、これから対立が生じないようにする。
⑧現在の世代で解決できないものは、実質的に棚上げし、対立を避けることである。あわせて、棚上げ期間中は双方がこの問題の解決のために武力を利用しないことを約束する。

尖閣諸島については日中に棚上げする合意があることを見た。棚上げ方式は、日本側に実効支配を認めていること、棚上げに合意している間は中国が軍事力を使用しないことを暗に約束している。それに配慮すれば棚上げ方式は、実は、日本に有利な合意である。

しかし、残念ながら、今日、日本の政治家、学者、マスコミ、国民が「棚上げ方式が日本に有利である」という論理を理解できなくなった。自国の主張だけを正しいと思い、その主張を確実なものとする手段を講じることが正しいと見なしている。尖閣諸島を日本の国内法で処理することを貫いたら、何時の日か、尖閣諸島を自国領と見なしている中国も自国の国内法で処理すると主張し始める。そして武力で威嚇する。その時、軍事力でどちらが強いかで決着がつく。軍事力で劣る日本には、なす術がない事態がくる。

尖閣諸島を「棚上げ」にする合意を大切にすれば、日本の実効支配は続く。しかし尖閣諸島に対し、国内法で対処する姿勢を強めるなら、残念ながら、日本は自ら尖閣諸島を失う、あるいは負けるしかない武力紛争に入る。いま、日本は将来必ず自国に不利な形で跳ね返る政策を実施しようとしている。

非軍事で安全を確保する道

筆者の外交的思考を形成したのは、外務省に勤務した最初の経験である。

一九六六年に入省し、ロシア語の研修を命じられ、英国の陸軍学校、ロンドン大学で学んだ後、六八年九月モスクワ大学に入った。

この時に中ソ国境紛争が発生した。一九六九年三月ウスリー川上流にある小さな島、珍宝島をめぐり中ソ国境で発砲事件が起きた。その後数年、中ソ双方は中ソ国境のあちらこちらで武力衝突が起こった。

モスクワ大学のすぐ近くに中国大使館がある。ここに大勢のロシア人が抗議のデモをするのを見た。筆者は一九六九年六月からモスクワの日本大使館に勤務を開始し、外政班で下働きをした。中心課題が中ソ関係である。そして七二年に外務省調査部分析課で中ソ関係の担当官になった。そこで約五年中ソ国境紛争を見続けた。

その中で、重要な事実に気付いた。中ソ双方に軍事紛争を続けたいという層がある。同時に、軍事紛争を避けようとする層がある。

中国では、林彪が紛争を望んだ。この時期は文化大革命（一九六六〜七六年）中で、六八年末から六九年初頭、中国では熾烈な党内闘争が行われていた。六九年一月の党規約改正で林彪は毛沢東の後継者になった。後は、党大会で正式に承認される必要がある。そして三月に珍宝島事件が起きた。当然、軍関係者の発言力が増す。その直後四月党大会で党規約が採択され、国防部長であった林彪は後継者としての地位を確立した。林彪は自己の地位確立のために、中ソ国境紛争を利用した。

同じことはソ連にも言える。一九六八年にチェコ事件（六八年八月二〇日チェコスロバキアで「プラハの春」と呼ばれる自由化・民主化運動が発生し、これが反ソ連政策に結びつくことを警戒したソ連が軍隊六〇万人以上を動員して同国に侵攻し、全土を占領した事件。ソ連は民主化運動を制圧し、チェコスロバキア内に、ソ連に忠実な共産党政府を樹立した）をめぐり、ソ連国内で強硬派と穏健派が対立した。強硬派にとっては、「中ソ国境紛争は外部から攻撃がある、ソ連の軍備を強化しなければならない、国内引き締めを強めなければならない」と主張する絶好の機会である。

中ソ紛争の時には、紛争を求める人々が両国にいた。

同時に中ソ紛争の危険性を感じていた人物も中国、ソ連双方にいた。中国では周恩来首相であり、ソ連ではコスイギン首相である。

三月二九日、ソ連外務省は中ソ国境画定交渉の再開を呼びかける声明を中国政府に伝達し、四月一一日、「ソ連は外務省の覚え書きで国境問題に関する政府代表者協議の開催を呼びかけた」と報じた。六月六日中ソ国境河川合同委員会中国側主任委員が会議開催に同意し、この会議は予定通り六月一八日ハバロフスクで開催された。中ソ双方に次第に和平を望む力が増す。九月一二日北京放送は「九月一一日北京飛行場にて周恩来とコスイギンが会談し、双方は率直な話し合いを行った」と発表した。

この内容は後日、日中首脳会談の時に周恩来首相から田中首相に説明される。

「一九六九年、中国の建国二〇周年を祝うとき、コスイギンがハノイにおけるホーチミンの葬儀の帰りに、北京へ来たので、私がコスイギンと三時間会談した。当時、中ソ間に国境衝突があったので、私は手始めに国境問題をとりあげたいと言った。

中ソ国境に関し、中国側が提案したのは次の三点である。①現状維持、②武力不行使、

③論争のある地域の調整。コスイギンはこの提案を受け入れたので、一九六九年一〇月二〇日から話し合いを開始した」(「田中総理・周恩来総理会談記録――第三回首脳会談」、「日本政治・国際関係データベース」、東京大学東洋文化研究所)

この流れを受けて、九月二二日モスクワ放送は「ソ連は中ソ関係の正常化を望む」と報じ、九月三〇日周恩来首相は国慶節レセプションで「我々の方から戦いを挑むことはしない」と演説した。中ソ和解を探る動きは次第に加速し、一〇月一日ソ連側は中国に国慶節の祝電を打ち、この中で「関係正常化」を要望した。一〇月八日中国外交部は声明を発表し「現在の中ソ国境に関する条約は歴史的に見て不平等条約であるが、現行条約を基礎に国境問題を全面的に解決する用意がある。中ソ間には調整不可能な原則的対立がありそれは長く続こうが、平和五原則による国家関係の正常化を妨げるものではない」と述べた。

中国の周恩来首相、ソ連のコスイギン首相が軍事紛争の拡大を防いだ。

こうした一連の流れで重要なことは、多くの場合、紛争に関係した国の中には、紛争を収めようとするグループと、紛争を拡大させようとするグループが併存していることである。近隣諸国との緊張を高め、世論の支持を得ようとする政治家が必ず出る。我々のなすべきことは、いかにして紛争を収めようとするグループの勢力を高めるかにある。

中ソ紛争の話を長々と記載したのは、これが日中関係、特に尖閣諸島と無縁ではないからである。周恩来首相は中ソ国境紛争の経験を踏まえて日中国交回復の時に、尖閣諸島の棚上げを提唱した。それは彼が領土問題は軍事衝突にエスカレートする可能性があることを承知し、それを避ける策として「棚上げ」を提案した。それはまさに、周恩来がソ連との国境紛争を収拾するために提案した①現状維持、②武力不行使、③論争がある地域の調整の原則を凝縮したものである。周恩来首相の知恵を無駄にすべきでない。

第二次世界大戦前の日本

日本の歴史を見てみよう。我々日本人にとって、日本が第二次世界大戦に突入する中で、「無謀な戦争をやめようとするグループがなぜなかったのか」と不思議に思う。だが、実は存在している。しかも極めて高い地位にいる。

その一人が阿部信行首相である。阿部信行は今日ではほとんど知られていないが、一九三九年八月から四〇年一月という重要な時期の首相である。

江藤淳監修『昭和史』（朝日出版社、一九八九年）は次のように記している。

第二次欧州大戦の勃発に際して、日本は大戦不介入政策をとった。当面は中立を守って事態を静観し、列国が東アジアを顧みる余裕のない状況を利用して、支那事変解決に専念しようとしたのである。突然の独ソ不可侵条約締結という衝撃によって対独不信感が強まり、独伊との同盟論は下火となっていた。平沼内閣に代わった阿部内閣は、アジアの戦争（支那事変）とヨーロッパの戦争とを意識的に切り離し、ヨーロッパの交戦諸国のどちらか一方にのみ深くコミットすることを避けようとした。

と同時に阿部内閣では、英米、特に米国との関係改善が試みられた。ノモンハンでの敗北により対ソ軍備の脆弱性を補う必要性があらためて痛感されたが、そのための軍需資材のなかには英米からの供給にまたねばならぬものが少なくなかった。中国の占領地域を経済的に再建・復興させるためにも英米資本の導入が得策とみなされた。

欧州大戦の発生により、英米の態度は微妙に変化した。それまでは支那事変の早期終結が英米の主張であったが、大戦勃発後はその建前とは裏腹に、むしろ事変継続を望むことが英米の本音となった。

日本は支那事変の泥沼から足を抜くことができなかった。四〇年（昭和一五年）一月、在任わずか五ヵ月で退陣した阿部内閣に代わって登場した米内《よない》内閣は、前内閣の外交方針をほぼそのまま引き継ぎ、大戦に介入せず支那事変処理に専念したが、相変らず事変処理方針は一定せず混乱を示した。

こうした動きで重要なのは、通常どの国でも軍事力に訴えるべきだと主張する人々と、紛争を何とか平和的に収めようとする人々がいることである。

この歴史を見ても「戦争辞さず」を主張する人々は大体において、「紛争への五つのアプローチ」の図表の「自身への関心」が高く「他者への関心」の低い人々である。

軍事力に訴えるべきだと主張する人々に対して、通常、相手国からも軍事力に訴えるべきだと主張する人々が出て来る。そして軍事的緊張を高め、その緊張の中で、軍事力に訴えるべきだと主張する双方の人々が勢力を拡大する。

同時に、紛争を何とか平和的に収めようとする人々も双方の国にいる。

これらの歴史から何を学ぶか。これから中国でも同じことが繰り返される。米国や日本が軍事的対決姿勢を強めれば、それに応じて中国でも同じく軍事的対決姿勢を強める人が台頭することになる。

それを回避するためには互いに平和的解決を志向する者同士の連携を図る。これが国際政治で強く望まれることである。

独仏がいまなぜ戦わないのか

今日、「独仏が戦争するか」と問えば、皆、「それはない」と答える。しかし独仏は第一次世界大戦でも第二次世界大戦でも戦った。それなのになぜ、いま、独仏は戦わないのか。

日本はいま、中国との間に尖閣諸島という対立がある。将来武力紛争の可能性がある。どう戦略を立てるかが問われている。その時に「独仏は、いまなぜ戦わないのか」を問うことは、我が国に極めて重要である。

第一次世界大戦と第二次世界大戦では莫大な死者を出した。この被害を繰り返さないという決意が、欧州に新しい流れを作った。

まず、第一次世界大戦と第二次世界大戦での犠牲者はどれくらいだったのだろうか。正確な数字はわからないが、たとえばウィキペディアでは、第二次世界大戦において軍人の死者は約二五〇〇万人、戦争による民間人の死者は約三七〇〇万人、うち、フランス軍人の死者は二一万人、ドイツ軍人の死者は二八五万人としている。

第二次世界大戦では領土の変化も起こった。第二次世界大戦によりドイツ領からフランス領に移ったアルザス・ロレーヌ地方は九州の七割くらいの広さの土地である。ここにドイツ語系のアルザス語を話していた人口は約一〇〇万人いた。

では、領土を奪われたドイツはどうしたか。ドイツは、自己の権益を主張し、アルザス・ロレーヌ地方を取り戻そうとしたか。この政策を取るのが普通である。

しかし、ドイツとフランスは別の生き方を発見した。戦争は多くの場合、資源の争奪戦である。独仏間では石炭・鉄鋼が戦争の原因の一つになっていた。第二次世界大戦後、ドイツとフランスは石炭・鉄鋼を共同管理するために、一九五一年に欧州石炭鉄鋼共同体を作った。それが欧州連合（EU）に発展した。

ドイツとフランスはお互いに自己の権益を主張し、憎しみあいを続けることを止めた。その代わりに、両国民に、欧州石炭鉄鋼共同体を通じて、協力をしあうことが結局、ドイツとフランスの利益になることを示した。

そして、いま、誰も独仏が戦争することはないと思っている。この歴史を紹介すると、「ドイツ、フランスにはキリスト教やローマ法という共通の基盤があるから、欧州連合ができた」と主張する人がいる。ところがキリスト教やローマ法という共通の基盤があっても、ドイツとフランスは第一次世界大戦、第二次世界大戦を戦った。ドイツとフランスとの間に、「欧州は二度と戦争しない。そのため、互いの協力関係を進めていこう」という強い意志があったからこそ、欧州連合ができた。重要なことは「二度と戦争しない」という決意があったことである。

しかし、こうした関係は自然にできた訳ではない。失われた土地の回復をめぐり、紛争を繰り返す、これが通常の流れである。

フランス側にシューマン外相とジャン・モネがいた。

Historiasiglo20.org上の、'The History of the European Union, The European citizenship' の項目でモネを次のように記述している。

一九四三年モネは、フランス国民解放委員会の委員になり、八月五日委員会で次の演説をした。「もし欧州の国々が〔この戦争の後〕国家主権の基礎の上に、国家の威信を目指す政治と経済の保護主義を行うならば、欧州に平和はこないだろう。欧州の国々は個別に見れば国民の繁栄を保障するだけの力はない。欧州国家連合は共通の経済統合を行う連邦ないし欧州の組織でなければならない」（中略）

一九五〇年国際的緊張が高まるにつれ、ジャン・モネは欧州諸国を統一するため、後戻りしない道を歩む時が来たと感じた。Houjarrayにおける彼の家で欧州共同体の考えを作り出した。五〇年五月九日アデナウアー西独首相の了承を得て、シューマン仏外相は仏政府の名の下に、宣言を行った。モネによって準備された宣言はすべての鉄鋼、石炭の生産を共通の権威の下に置き、欧州の他の国にも開放するという構想を出した。シ

ユーマンは「（欧州の）平和を維持するに不可欠な欧州連邦に向けての最初の具体的一歩となる」と述べた。（以下省略）

ではドイツはどうだったか。

筆者が国際情報局長時代、ドイツから連邦議会外交委員会一行が来日した。ドイツ大使が意見交換をするために日本側の何人かを昼食会に招待した。ここでドイツ議会外交委員長は次のように助言をしてくれた。

「戦後、我々はフランスとの確執を克服した。その我々から見ると、日中関係がどうして改善されないか不思議だ。独仏には昔から領土問題がある。二回の戦争を戦った。相手の国がいかに非人道的なことを行ったかを指摘しあえばお互いに山のようにある。しかし、我々は二度の戦争を繰り返し、このような犠牲を出す愚行を止める決意をした。憎しみあいを続ける代わりに、協力をしあうことの方が両国民に利益をもたらすことを示した。そして、これまで戦争の原因にもなった石炭・鉄鋼を共同管理するために、一九五〇年欧州石炭鉄鋼共同体を作った。それが欧州連合に発展した。いまや誰も独仏が戦争することはないと思っている。

しかし、もし、第二次世界大戦後も相手国がいかに自分たちの国を痛めつけたか、自分たちの本来の権利がいま踏みにじられているかを主張しあっていたら、仏独関係は最も緊張ある関係になっていただろう」

この考え方はドイツの一貫した政策である。ドイツの首相、外務大臣を歴任したカール・シュミットも同様な考えを明確にしている。

「われわれが、隣国の利益を損なわず、彼らの主だった利益を充たすよう努力し配慮する度合に応じて、ヨーロッパの変化のプロセスはドイツ人にとって有利に展開していくであろう」(シュミット『ドイツ人と隣人たち』下、岩波書店、一九九一年)

一九四九年から六一年に西ドイツ首相の任にあったアデナウアーは次のように述べている。

「新しいドイツ人は断固たるヨーロッパ人たるべきである。そうすることによってのみ、ドイツは世界に平和を保障される」(『アデナウアー回顧録』河出書房、一九六八年)

独仏は第二次世界大戦以降全く新しい関係を作った。お互いに自己の権益を主張し、憎しみあいを続ける代わりに、欧州石炭鉄鋼共同体を通じて協力をしあうことの方が両国民に利益をもたらすことを示した。それが今日のEUに発展した。

この関係は決して自然にできたのではない。構想を出す人間がいた。それを促進する政治家がいた。こうした独仏の関係を東アジアに移すことができないか、それは日本人と中国人に与えられた課題である。

米国が後押しした欧州共同体

我々はEU創設にフランスのシューマン外相とモネが貢献したことはわかる。しかし、EU創設の歴史を見ていると、一つ重要な部分の考察が抜けている。それは米国の対応である。第二次世界大戦以降、米国は軍事面、経済面で圧倒的影響力をもっていた。もし、米国がEUの創設に強硬に反対していたとすれば、EUの創設は困難だったろう。

EU創設の話はあちらこちらで記述されている。しかし米国がEUの創設にどう関与したかの記述は、ほとんどない。

ノーベル賞受賞者選出に重要な役割を果たす機関にノーベル研究所がある。この研究所所長のゲア・ルンデスタッド教授が『ヨーロッパの統合とアメリカの戦略』(NTT出版、二〇〇五年)を出した。ここからいくつかを見てみたい。

「一九四七年以降米政府当局者は、欧州(西欧の意味)統合を支持した。(中略)一九五〇年代に入り、欧州人がいよいよ具体的な協力形態を考え出した時には、米政府は初めからこの種のイニシアチヴを強く支持した。ロベール・シューマン仏外相が、五〇年五月に欧州石炭鉄鋼共同体（ＥＣＳＣ）構想を提唱した時、トルーマン大統領は当初は構想に臭うカルテル的要素に疑心暗鬼であったが、米国は、『この建設的な政治家精神にあふれる行動』を歓迎する旨を強く表明した〔アチソン国務長官も同様の支持表明をしている（中略）〕。

シューマン・プラン参加六ヵ国によって、一九五七年に新たにユーラトム（欧州原子力共同体）と欧州経済共同体（ＥＥＣ）が設立された。（中略）アイゼンハワー政権が、これらの機構の創設を熱心に支持していたことは疑いがない。（中略）大統領自身が一九五七年初めにフランス代表団に、『この共同市場（ＥＥＣ）が実現される日は、自由主義世界史上最良の日の一つ、多分戦勝日よりもはるかに好日となる気がする』と述べた。彼は別の機会に、『欧州合衆国が生まれるのを見るまで長生き』がしてみたいと、その強い期待をにじませていた」

なぜ米国は欧州統合に積極的であったのであろうか。再度、『ヨーロッパの統合とアメリカの戦略』を見てみたい。

「統一欧州がソ連の封じ込めに寄与する貢献についての米政府の信頼は、四五年もの間連綿として続いた。（中略）マクジョージ・バンディ〔ケネディ政権時、国家安全保障担当大統領補佐官〕は、『大国は、他の強国の出現をいつも喜ぶとは限らないのに』、米国はなぜ欧州統一という目標をそこまでも強く支持したのか、と自慢げに自問した。彼は、『その直接の答えは、ソ連との現在の闘争の中にある』と自分に言い聞かせた。（中略）
だが、欧州の統合を推進する米政府の決定的な動機を一つ強調しろと言われれば、それは、ドイツを、一般的には西欧と、また特にはフランスと統合する要請であったに違いなかろう。（中略）
欧州統合の最も深い根元は、ドイツの平等主義への強い欲求と同国を封じ込めようとする欧州の欲求との結び付きの中におそらくあった。（中略）デイヴィッド・ブルースは、（省略）欧州統合の主要な政策決定者のひとり〔ブルースは駐仏、駐独、駐英大使等を歴任。欧州石炭鉄鋼共同体創設時は駐仏大使〕であったが、シューマンが欧州石炭鉄鋼共同体イニシアチヴを打ち出した後の一九五〇年六月に、彼は、『共産主義化していないドイツを、その西側隣国との最も親密で可能な交わり』に加盟させることは、米国の外交政策の偉大な目標の一つであったと論じた。（中略）
一九五六年一月に某内部資料の中で、ダレス〔国務長官〕は（中略）米国の欧州統合への支持の理由を要約している。（一）やがて復活したドイツ・ナショナリズムが、東西の支配的地位を獲得する狙いで、中立を再統一と取引するかもしれない危険性を減じるために、ドイツを西側世界に有機的に結びつけるという問題。（中略）ドイツに対する懸念がピークにあった時期、すなわち一九四〇、五〇年代に、究極の恐怖とは、ドイツがソ連側に立つというものであった」

米国は、ドイツをフランスと結びつけることによって、独走するのを防止したのである。

ひょっとすると、欧州統合の影のシナリオライターは米国だったかもしれない。そう思ってジャン・モネを調べ直すと、彼は通常言われるような単なるシャンペン商人ではない。一九四〇年ルーズベルト米大統領の顧問となり、枢軸国側の軍備拡張に対抗する政策の形成に関与している。

ASEANの知恵に学ぶ

日本人の中で、自分たちの生き方をASEANから学ぼうと思う人は少ない。ASEAN諸国は経済的に日本のはるか後にいる。その彼らから学ぶものがあるとはとても思わない。しかし、国家間のあり方を見ると、日本がASEANから学ぶものがある。

ASEAN諸国は東南アジアという同じ地域にありながら、歴史、人種、宗教など多くの面で異なりを持つ国々である。

インドネシアでは国民の約七五%がイスラム教徒である。同じく、マレーシアはイスラム教を国教としている。タイは仏教徒が九五％である。フィリピンは人口の九〇％がキリスト教徒である。

歴史的にはタイは第二次世界大戦で独立を維持した。インドネシアはオランダの植民地で、マレーシア、シンガポールは英国の植民地であった。フィリピンは、最初はスペイン、次いで米国の植民地であった。

ＡＳＥＡＮ諸国は第二次世界大戦後もそれぞれ異なる道を歩んでいる。フィリピンは一九四六年に独立するが、依然米国の強い影響下にあった。五〇年代半ば、マレーシア、シンガポールはまだ独立していない。マレーシアは六三年独立する。シンガポールは六五年マレーシアから分離する形で独立する。インドネシアは米ソ、どちらの陣営にもつかない非同盟の中心国となる。各々が異なる外交政策を志向した。

対外政策では米国と中国への対応をめぐり異なりがある。特に中国である。各々の国家は華僑を中心として中国の影響を強く受けている。この中国に対して強硬姿勢を持ち対抗するのか、宥和政策を追求するのかは、国ごとに異なる。それだけでなく、時代ごとにも、それぞれの国で政策が異なる。

国内政治体制ではタイは国王を持つ。マレーシアは互選で、任期五年の国王を持つ。かつ議会民主主義制度である。インドネシアとフィリピンは実権を持つ大統領がいる。シンガポールは大統領制を持ちつつ、実権は首相にある。

第二次世界大戦後、ASEANの多くの地は不安定に推移した。インドネシアはスカルノ、スハルト両大統領が失脚するという激動の時期を経ている。タイではしばしばクーデターが起こっている。フィリピンでは一九八六年一〇〇万人以上の民衆がデモに参加したエドゥサ革命でマルコス大統領が失脚した。各国の国内を見れば不安定である。フィリピンは長く国内の共産勢力と戦った。それにミンダナオ地区にイスラム教で統治する自治区を作ることを目的としたモロ民族解放戦線がいる。民族的にも宗教的にもイデオロギー的にも多様なインドネシアは国内統一に苦しむ。

お互いの国家関係もまた決して良好ではない。一九六二年から六六年マレーシアとインドネシアの間で、独立にからんで、戦争が起こっている。マレーシアとシンガポールも対立がある。マレーシアはマレー人優遇政策を採ろうとした。シンガポールはマレー人と華人の平等政策を進めようとした。この対立からシンガポールの独立が生まれた。ASEAN発足後の六八年から六九年にかけ、マレーシアとフィリピンの関係が悪化した。

こうしてみると、東南アジアの地域は、絶えず紛争を繰り返していても不思議はない。しかし、東南アジアの地域はASEANという組織を作り、安定化を図り、世界の成長地域となっている。ASEANという協力機構がどのように発生してきたかを見てみたい。

ＡＳＥＡＮ誕生前のスカルノ・インドネシア大統領の動きが重要である。

スカルノ大統領は東西冷戦の中、独自の道を模索した。一九五五年インドネシアのバンドンでアジア・アフリカ会議が開催された。ここに、インドのネルー首相、中国の周恩来首相、エジプトのナセル大統領、ユーゴスラビアのチトー大統領等が参集した。いずれも第二次世界大戦後の国際政治の舞台で中心的役割を果たした人物である。

各首脳は米国、ソ連のいずれにも属さない第三の立場を貫くことを決定した。これがその後の非同盟運動につながる。ここでバンドン平和十原則が決定される。力のない国が、ソ連・米国という大国に対抗する時の知恵である。

①基本的人権と国連憲章の趣旨と原則を尊重。
②すべての国の主権と領土保全を尊重。
③すべての人類の平等と大小すべての国の平等を承認する。
④他国の内政に干渉しない。
⑤国連憲章による単独または集団的な自国防衛権を尊重。
⑥集団的防衛を大国の特定の利益のために利用しない。また他国に圧力を加えない。
⑦侵略または侵略の脅威・武力行使によって、他国の領土保全や政治的独立をおかさな

い。

⑧国際紛争は平和的手段によって解決。

⑨相互の利益と協力を促進する。

⑩正義と国際義務を尊重。

どの原則も、日本の生き方に採用できるものである。さすがに当時国際政治をひっぱった人々がまとめただけの価値ある原則である。

ここでインドのネルー首相、中国の周恩来首相、エジプトのナセル大統領、インドネシアのスカルノ大統領等がその後どうなったかを見ておきたい。

ネルーは一九六四年五月首相在任途中、心臓発作で死去する。七四歳。ネルー首相没後もインドは非同盟路線を継承する。

チトーは八七歳、病院で死去する。ユーゴスラビアは「一つの国家、二つの文字、三つの宗教、四つの言語、五つの民族、六つの共和国、七つの国境」といわれるぐらい多様性のある国であった。チトーの死後、内戦を経て、国家がばらばらとなった。

周恩来は「不倒翁」の名で厳しい中国内政を生き抜いた。

ナセルは一九七〇年五二歳で、心臓発作で急死した。後継者のサダトは七三年の第四次中東戦争を経て、急速に米国に接近した。

　インドネシアでは一九六五年九月三〇日事件を経て、スハルトが軍の実権を握り、六六年三月スカルノはスハルトに権限を移譲した。九月三〇日事件には米国情報機関CIAの関与説もある。ウィキペディアの「スハルト」の項には次の記述がある。

「スハルト元大統領がスカルノ政権から政権奪取するきっかけとなった一九六五年の九・三〇事件の後、インドネシア全土を巻き込んだ共産主義者一掃キャンペーンに、米国政府とCIAが関与し、当時の反共団体に巨額の活動資金を供与したり、CIAが作成した共産党幹部のリストをインドネシアの諜報機関に渡していたことを記録した外交文書が、米国の民間シンクタンク・国家安全保障公文書館によって公表された。文書は二〇〇一年四月に機密指定を解除された一九六五年から六六年の米政府の外交文書で、スカルノ元大統領によるマレーシアと米国への対決政策（六四年）、九・三〇事件当日から六六年三月までの間、ジャカルタ駐在の米国大使などから当時のジョンソン大統領、国務省などに宛てた書簡、公電などのほかマレーシア、シンガポール、フィリピン情勢に関連する約九〇〇頁に及ぶ記録や注釈が含まれている」

　非同盟運動はこれら指導者個人と深い結びつきがある。指導者の死去や追放とともに、非同盟運動は停滞する。

話をＡＳＥＡＮに戻そう。

ＡＳＥＡＮは一九六七年八月、インドネシア、フィリピン、タイ、マレーシア、シンガポールが参加して形成された。

ＡＳＥＡＮは地域内の異なりにもかかわらず、その後、地域の安全保障と、地域の経済発展の二分野で着実に協力関係を発展させた。その足取りを見てみよう。

一九六七年八月八日にはＡＳＥＡＮ設立宣言を行った。その前文の一部は次の通りである。

「相互依存の高まりつつある世界において、平和、自由、社会正義及び経済的安寧の育まれるべき理想は、歴史的・文化的に結合した域内諸国間のよき相互理解、善隣関係及び有意義な協力の促進によって最もよく達成される」

「すべて外国の基地は、暫定的なものであり、関係国の同意表明によってのみ維持されるべきである」

すでにここで、「すべて外国の基地は、暫定的なものである」という評価を下している。

この設立宣言で重要な点は「域内諸国間の協力を促進する」ことによって平和を達成することにある。ただし、政治分野で何をするかは「域内諸国の関係における正義と法の支配を尊重し、国連憲章の諸原則を支持し、もって域内の平和と安定を促進する」と抽象的に述べるだけに留まっている。

ＡＳＥＡＮ設立宣言の九年後、一九七六年に初の首脳会議を開き、ここで「ＡＳＥＡＮ協和宣言」を採択した。

前文では次のことを目的とした。

①国としての、また、ＡＳＥＡＮとしての強靱性を強化する。
②個別的及び集団的に、平和、自由及び中立地帯の早期創設のために積極的な施策をとる。
③域内不和の解決において専ら平和的手段を採る。
④民族自決主権平等及び内政不干渉の原則に従ってすべての国から尊重されかつすべての国を尊重する。
⑤強力なＡＳＥＡＮ共同体を創設するため、あらゆる努力を行うことを目的とした。

この「ＡＳＥＡＮ協和宣言」は紛争の平和的解決を強く前面に打ち出している。

そして行動計画として、①域内紛争を平和的手段により可及的速やかに解決すること、②見解の調和を促進し、立場の調整を行い、また、可能かつ望ましい場合には、共同行動をとることにより、政治的連帯を強化すること等を決めた。

さらに二〇〇七年一月一三日の首脳会議で「二〇一五年にＡＳＥＡＮ安全保障共同体（ASEAN Security Community: ＡＳＣ）、ＡＳＥＡＮ経済共同体（ASEAN Economic Community: ＡＥＣ）、ＡＳＥＡＮ社会・文化共同体（ASEAN Social and Cultural Community: ＡＳＣＣ）の三つからなるＡＳＥＡＮ共同体の設立を目指す」決定を行った。

ＡＳＥＡＮ諸国が着実に域内の安全保障を高めているのがわかる。ＡＳＥＡＮの発足前、マレーシア対インドネシア、マレーシア対シンガポール、マレーシア対フィリピン等の緊張や武力紛争があったことを考慮すると大変な進歩である。

日本・中国・韓国等で東アジア共同体を作ろうとする動きがあると、「東アジアは欧州とは異なる。欧州はキリスト教やローマ法という一体的な基盤があった。東アジアには共通の基盤がない」という議論がしばしばなされる。

東南アジアを見てみよう。ここでは宗教はイスラム教、仏教、キリスト教と混在している。国の体制は王政もある。大統領制もある。議院内閣制もある。対外関係では米国との協調を志向する国もある。中立を志向する国もある。

ＡＳＥＡＮ諸国は様々な異なりを持っているにもかかわらず、共通の目的がある。それは「平和や経済的安寧の育まれるべき理想は域内諸国間の協力の促進によって最もよく達成される」という信念である。そして、平和をもたらす手段を専ら平和的手段に委ねた。ＡＳＥＡＮ諸国は、この信念が強ければ、異なりを克服できることを示した。

ＡＳＥＡＮ諸国は経済的に日本の後にある。しかし、そのことは、彼らの外交安全保障政策が我が国の後にあることを意味しない。

政治、社会の違いを乗り越えて、ＡＳＥＡＮは安定した。我々が学ぶべき英知は十分ある。特に一九七六年首脳会議で採択された「ＡＳＥＡＮ協和宣言」が東アジアでも適用される可能性がないか、考えてみる価値がある。

東アジア共同体の可能性

欧州共同体とＡＳＥＡＮを見た。それは複合的相互依存の関係を構築することで紛争を避けようという関係である。

第8章でナイのリアリズム（戦争の可能性あり）から複合的相互依存（戦争の可能性なし）に至る図表（図表26）を紹介した。

この「複合的相互依存」の関係を東アジアに持ってこれないであろうか、というのがこの項の課題である。

中国が軍事力で圧倒的に強くなる状況下で、「リアリズム」の範疇で日本が成功することはない。日本の生きる道は複合的相互依存を構築し、戦争の可能性を排除していくことしかない。

しかし、この認識を日本のどれくらいの人が持っているであろうか。

ドイツや、フランスですら、第一次世界大戦、第二次世界大戦の時にはこの考えを持てなかった。そして戦争になった。何百万人の犠牲を経て、ようやく到達した知恵である。大変なコストをかけて出てきた知恵である。しかし、この知恵が出て来ない間は紛争と戦争を繰り返した。それは「戦うべきだ」と説く指導者がいて、国民がこの指導者を受け入れたからだ。

この貴重な経験を学ばない手はない。しかし、ドイツや、フランスの経験を東アジアに移すには、我々は発想を根本的に変える必要がある。

ラムズボサムの『現代世界の紛争解決学』掲載のゼロサムの結果と非ゼロサムの結果の図表（第8章図表24次ページ再掲）を再度見ていただきたい。

ゼロサム・ゲームで「一方の得は一方の損」という考え方、つまり1から2の直線部分の思考法をしている限り、ＡＳＥＡＮや欧州共同体のように、互いに協力しあう関係はできない。

共同体の考え方は、0から4や0から5の直線で物事を考えられるようになった時には

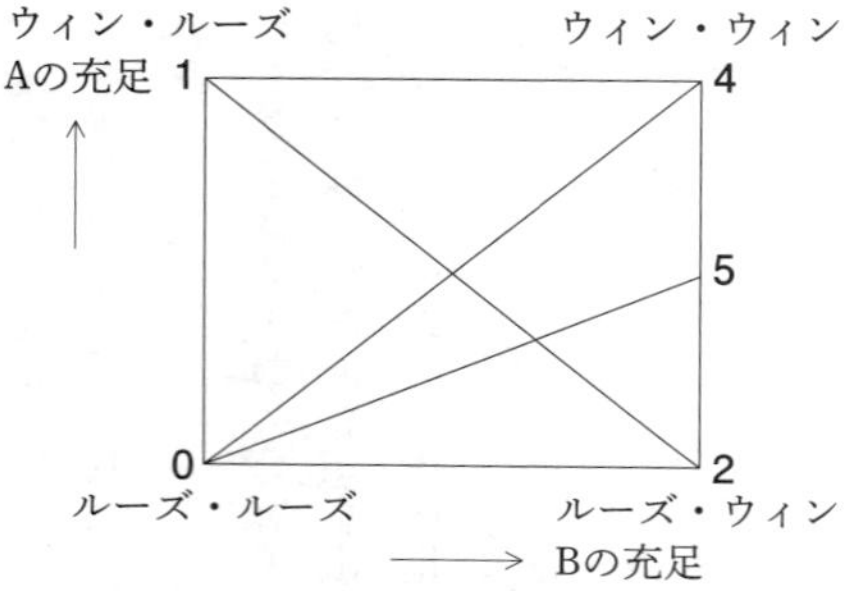

（対角線の交差している所に3がある）

図表24　ゼロサムの結果と非ゼロサムの結果

じめて可能となる。4は「ウィン・ウィン」の関係によって両方共得をする点である。

欧州共同体の経験を東アジア共同体に移すことを説く人、具体的には東アジア共同体を説く人は、1から2の直線で思考する人に、「実は0から4や0から5の直線で考えることが役に立つのですよ」と説得しなければならない。これは容易な作業でない。

東アジア共同体を実現するには次の条件を要する。

①紛争を避けたいという強い思いが存在していること。

②領有権の問題よりも紛争回避が重要であるという認識があること。

③複合的相互依存を進められる分野が多く存在していること。

結論的に言うと、残念ながら日中双方にこの戦略を受け入れる用意ができていない。

まず①の「紛争を避けたい」という気運が日中双方に少ない。

次に②の「領有権の問題よりも紛争回避が重要」との点は、残念ながら、ますます双方共に領有権の主張を強めている。

ラムズボサム教授の図でいけば、日中の人々は1から2の直線の部分（ゼロサム・ゲームの思想）で考える層が極めて多い。特に日本にその傾向が増した。

米国は東アジア共同体を望んでいない

第二次世界大戦以降、欧州共同体とASEANという二つの地域共同体ができた。

それぞれの地域に、それを推進する思索家と実行する政治家がいた。しかしよく見ると、超大国の米国がこの構想を後ろでがっちりと支援していた。

欧州に関しては、いずれ国際舞台に戻ってくるドイツをフランスと繋ぐことにより、枠をはめるという米国の考えがあった。

ASEANが形成された一九六七年、米国は東南アジアでベトナム戦争を戦っている。戦う表向きの理由はドミノ理論である。ベトナム戦争に負ければ、東南アジアがドミノの崩壊のように、次々と共産化するのを恐れた。

つまりASEAN成立の時期は、米国が東南アジアの共産化を最も恐れた時期である。

したがって、東南アジア諸国が連帯し、地域を安定化させ、共産主義の浸透を防ぐ措置を望んだ。米国はＡＳＥＡＮの発足を支援した。

欧州共同体とＡＳＥＡＮに米国は入っていない。しかし、米国は二つの機構の成立を強く後押ししていた。

この米国の支援は東アジア共同体には見られない。逆にほぼ一貫して東アジア共同体構想に反対である。米国は、東アジアが米国の関与なしに発展していくことに対する強い不安がある。

ジョセフ・ナイはクリントン大統領時代、国家情報会議議長（一九九三〜九四年）、国防次官補（国際安全保障担当、九四〜九五年）として政権の中枢に入った。アーミテージはブッシュ大統領時代、国務副長官（二〇〇一〜〇五年）の要職にあった。ナイは一九九五年、国防次官補として「ナイ・イニシアティブ」と呼ばれる「東アジア戦略報告（ＥＡＳＲ）」を作成した。アーミテージは、二〇〇〇年対日外交の政策提言報告「アーミテージ・レポート」を出し、二〇〇七年戦略国際問題研究所（ＣＳＩＳ）において「第二次アーミテージ・レポート」を出した。両名とも米国において対日政策の中心を歩んできた。この二人が『日米同盟vs.中国・北朝鮮』で東アジア共同体について次のように述べている。

アーミテージ〔鳩山首相の〕「東アジア共同体」構想には非常に驚かされました。〔省略〕我々は長い間、外交対話を通じて「米国は太平洋国家であり、太平洋は我々とアジアを分断するのではなく、つないでいる」ということを主張してきました。にもかかわらず、鳩山氏は中国の胡錦濤国家主席と並び立って、どうやら「米国を含まない共同体」について語っていたようでした。〔中略〕

ナイ〔東アジア共同体で〕もし、米国が「外されている」と感じたならば、恐らく報復に打って出ると思います。それは（日中双方に）高くつきますよ……。

この文章を見て驚いた。ナイ教授といえば、「ソフト・パワー外交」を説く人物である。この人が「もし、米国が〔外されている〕と感じたならば、恐らく報復に打って出ると思います。それは（日中双方に）高くつきますよ」と脅している。

いま一人、ケビン・メアを見てみよう。メアは国務省でほぼ一貫して日本畑を歩み、日本滞在は一九年にも及び、最後に国務省日本部長を務めた人物である。彼は著書『決断できない日本』（文春新書、二〇一一年）で次のように記述している。

「〔鳩山政権は〕『東アジア構想』とやらを持ち出しました。そんなことを言い出したら、中国の思う壺だし、中国の都合のいいようにされてしまう。中国に騙されてしまう。国同士の交わりについて知識もなく、センスもない。中国は共産主義国家というよりも独裁国家ですから、実に危険であることがわかっていないのです」

アーミテージ、ナイ、メアの発言を見れば、ここ二〇年くらいの間、日米関係に関与してきた人物がいかに、東アジア共同体を警戒しているかがわかる。

日本外交は一九九〇年頃より、ほぼ一貫して対米協調を最重要視してきた。ほとんどの政治家も、外務省等の官僚も、学者もこの流れの中にいる。その中「東アジア共同体」を唱えることは、対米協調を志向しない人物と見なされる。それを危惧して、日本のほとんどの人が東アジア共同体を支持してこなかった。そして、米国一辺倒の人々は東アジア共同体に対しては「米国を取るのか、中国を取るのか」という論を広めていった。

ただ、米国にも東アジア共同体構想に理解を示す人々はいる。対日関係に属してきた人々、いわゆる「ジャパン・ハンドラー」といわれるグループの外にいる人たちである。一人はチャールズ・カプチャンである。カプチャンは元国家安全保障会議欧州部長（一九六一〜九四年）であった。現在ジョージタウン大学教授である。また、ジョン・アイケンベリー・プリンストン大学教授もその一人である。二〇一〇年一月二一日付「ニューヨーク・タイムズ」紙は両名の「新しい日本、新しいアジア」論評を掲載した。

「日本が中国との二国間関係を深化させ、両国は第二次世界大戦後仏独が達成した緊張緩和を繰り返す機会を持つかもしれない。（中略）より自己の発言力を持ち、独立した日本は、ただ米国に従う日本よりもワシントンに利益をもたらすかもしれない」

筆者はカプチャンとアイケンベリーに同意する。

残念ながら、「ジャパン・ハンドラー」という人たちは、日本を隷属させればさせるほど、利益になると判断している。

かくして米国が反対している中で、東アジア共同体を実現できるであろうか。日本の政治家、官僚、経済界、マスコミの中枢は「日本は米国と緊密な関係を構築すれば日本の繁栄がある」と信じ切っている。あるいはこのグループと同じ主張をしていないと、自分に不利になることを承知している。その中、日本の中に東アジア共同体を推進する勢力を作ることは難しい。

構想はある。学者では進藤栄一氏や谷口誠氏が熱心な推進論者である。進藤氏はもともと米国研究者である。進藤氏は「中国が超大国となる。日本にはその準備ができていない。最も望ましいのはEUに倣い、東アジア共同体を推進することではないか」の思いで、東アジアの研究を進めてこられた。しかし構想だけあってもダメである。それを推進する政治的な力が必要である。残念ながら、いま、東アジア共同体にはそれがない。

実質的な複合的相互依存関係の促進へ

筆者は「東アジア共同体」の実現は日本にとって望ましいと判断している。

その動きが日中韓の中に出て来ることを強く望んでいる。東アジア共同体はこの三国の利益になる。したがってこれに向かって動き出さないことの方がおかしい。

しかし、米国内の日本関係者の強固な反対の下、実現の可能性は低いと見ざるを得ない。現在の日本では、日本の安全保障関係者や外交関係者が米国の反対を聞いて、怯んでいる。

これに反論しようとすると、長い論を展開せざるを得ない。国民は饒舌な説明に貸す耳を持たない。

ではどうするのか。

個別に実質的な複合的相互依存関係を積み上げていくことだろう。

もし、日本がここ数年の間に大きく道を誤らなければ、五年後くらいには、国民も日本経済がいかに東アジアとの連携を必要とするかわかってくるだろう。その時には、日本の国内に新たな勢力が出て来るだろう。おそらく、いまよりも東アジア共同体の意義をわかる人が出て来るだろう。

願わくば、ここ数年間に誤った道に入り込まないことである（ここはＴＰＰ〈環太平洋戦略的経済連携協定〉や日米軍事関係の強化の動きを強く意識している)。

しかし欧州共同体を見れば、そう悲観的になる必要はないかもしれない。欧州共同体もいきなり、欧州共同体になった訳ではない。欧州石炭鉄鋼共同体からスタートした。そして、協力関係が双方にプラスになることがわかり、次第に協力の範囲を拡大した。

いま、日中双方の貿易を見れば、極めて大きい量に到達している。協力による利益は欧州石炭鉄鋼共同体の比ではない。そして、この関係は今後ますます強化されていく。

中国側から見てみよう。二〇一〇年、中国の対日輸出は一二一一億ドルである。ざっと一〇兆円規模の市場である。日本を軍事攻撃して得られる利益はこの市場喪失に見合うであろうか。中国経済が順調に動いてゆくには日本からの輸入も不可欠である。

こうしてみると、中国が日本を攻撃するのを止める抑止力は、軍事のみではない。中国が武力攻撃によって失う市場、密接にリンクしている工場同士の関係、こうした物の喪失は、日本が行い得る軍事的抑止よりはるかに大きい。

相互依存関係を強化できる個別の分野を見てみよう。中国はいま、環境、中でも水資源で悩んでいる。海水の淡水化等、日本の技術は悩みの解決に十分貢献できる。

複合的相互依存関係を拡大することで、軍事的攻撃の抑止を図る。これが日本にとり最も容易で、かつ、実現可能な方法である。

またASEANを活用することも大いに考え得る。

ASEANは活力に富む。中国はASEANとの関係を重視している。中国はこの関係を推進していくには、ASEANとの協調が不可欠である。中国とASEAN諸国は、二〇〇二年一一月四日、「南シナ海の行動宣言」に合意している。そこには「領有権紛争は武力行使に訴えることなく、平和的手段で解決する」原則がある。

日本はASEAN＋3（日本、中国、韓国）やASEAN＋5（日本、中国、韓国、豪州、ニュージーランド）を積極的に進めたらよい。

もちろん米国がこの枠組みに参加の意向を示せば、当然歓迎すべきである。ただし、米国はASEAN＋の枠組みに入ってこないだろう。ASEAN＋3のような枠組みに入るには、内政不干渉、紛争の平和的解決などASEAN憲章を尊重する必要がある。米国外交はこうした縛りを避ける。米国がASEAN＋3やASEAN＋5の枠組みに入るのは難しいであろう。

日本には軍事的解決の選択肢はない。平和的解決の手段しかない。

しかし、それにしては、日本の安全保障政策は全く平和的解決の手段を模索していない。モデルは至る所にある。戦略論を学べばモデルが出る。欧州共同体やASEANの発足の歴史を学べば、モデルが出る。冷戦後のEUや中国を見ればモデルが出る。

日本はこれまで「米国と一体であれば栄える」というキャッチフレーズにのせられて知的怠慢の中にあった。これに工作も加わるから始末が悪い。この知的怠慢によっていまがどこまで深刻な状況にあるかすら気付いていない。

日本を取り巻く情勢は一日も早い覚醒を求めている。覚醒ができるであろうか。

おわりに——新しいパラダイムの中でいちばん求められること

本書では、次の状況を説明し、その中で日本のとるべき戦略を見た。

第一に、日本の隣国中国は、経済・軍事両面で米国と肩を並べる大国になる。

第二に、この中、米国は中国を東アジアで最も重要な国と位置づける。

第三に、日本の防衛費支出と中国の国防費支出との差は一〇対一以上に拡大する。この状況下、日本が軍事的に中国に対抗することはあり得ない。

第四に、軍事力が米中接近した中で、米国が日本を守るために中国と軍事的に対決することはない。

これを前提として日本の生きる道を模索した。

最も危険な領土問題では「まず、第一に相手の主張を知り、自分の言い分との間で各々がどれだけ客観的に分があるかを理解し、不要な摩擦は避ける」から始まり、八つの対応策を提示した。

第8章では現実の問題から一歩引き、戦略論から何が見えるかを見た。第9章では、第一次世界大戦と第二次世界大戦の悲劇を繰り返さないため、ドイツ・フランスが欧州連合をいかに作ってきたかを見た。またASEANが地域間の紛争をいかに克服してきたかも見た。その中での結論は、日本が東アジアで複合的相互依存関係を拡大することが望ましいということであった。

もし、政治家が、そして、国民が新しいパラダイムの中で、いま何をすべきかを真剣に模索すれば、答えはある。

それは日本が東アジア諸国が自国の繁栄の核心であることを認識し、複合的相互依存関係を強化することである。できれば東アジア共同体のような枠組みを作ることである。

では、日本はその道を歩むだろうか。

筆者は悲観的である。少なくとも五年くらいは難しい。つまり、現政権と次の政権では確実に無理だろう。そして、おそらく、次の次も。

日本人は本来知的水準の高い国民である。もし、客観的情勢を把握すれば、正しい方向に歩む国民であると思っている。しかし、日本はいま、独自に自己の戦略を考えられる状況にない。

筆者は二〇〇九年三月に講談社現代新書で『日米同盟の正体』を書いた。ここで日本が米国戦略の中に取り込まれ、世界的な範囲で軍事的な貢献をすることを指摘した。

二〇一一年末、この本を書いているいま、この事態は一段と進んだ。軍事的領域を超え、日本社会が全面的に米国システムを導入することが求められた。その典型がTPP（環太平洋戦略的経済連携協定）への参加を求める米国の動きである。

本書ではTPPのことには言及しなかった。しかし、筆者の立場は容易に推定できると思う。筆者の立場は「日本の経済発展は東アジアとの連帯にある。今後の成長は米国依存だけでは不可能である。日本の社会を過度に米国社会と同質化すべきでない」にある。

ただ筆者はTPP論争には深く関与した。国会の議員会館で、議員の方々に「TPPはプラスとマイナスのバランスがとれない」と説明した。テレビではBS11で、三〇分間、田中康夫氏と対談をした。NHKのニュースウオッチ9で短いながらコメントもした。さらに有楽町駅前で街宣車に乗り、五分間演説もした。

TPPのプラス、マイナスを論ずれば新たな一冊の本が必要となる。ここではその論議は避ける。ただTPP騒動で極めて異常な事態が起きていることは指摘しておきたい。

二〇一一年一一月TPPへの交渉参加問題は与野党を含めかなり紛糾した。野田首相は一一月一〇日に当初予定した態度表明を一一日に延期せざるを得ないという厳しい状況であった。

この中、一一月八日ペリー元米国防長官、ハムレ米戦略国際問題研究所（CSIS）所長、シーファー前駐日大使、アーミテージ元国務副長官らが野田首相と会談した。さらに一一日野田首相は、国会議員内の反対の声の高まりが予想以上に強くなったこともあって、当初予定の発表をどんどん後ろにずらさざるを得ず、結局夜八時となった。ほぼその直後、八時半にキッシンジャー氏は官邸を訪れ野田首相と会談した。「産経ニュース」は「キッシンジャー氏は記者団に『米国は日本の交渉参加を求めていた。喜ばしいことだ』と述べた」と報じている。

TPP参加の是非をめぐり極めて日本の政治が緊迫した中で、キッシンジャーや、シーファー前駐日大使やアーミテージ元国務副長官が官邸に乗り込んできている。圧力をかけるため以外の何物でもない。

日本が自分の進路を考える際に、過去にも米国はしばしば介入してきた。今後も、節目節目で米国の強力な圧力があるだろう。

こうしたあからさまな圧力が生ずる中で、日本の首相が客観的に自己の行く末を選択するのは容易でない。おそらく無理だろう。首相本人が頑張ろうと思っても、引きずり降ろされる。政界、官界、経済界、マスコミ、ここには米国に従属するシステムが出来上がっている。

日本が中国との関係を構築しようとすると、「米国をとるのか中国をとるのか」という声が出て来る。この言葉で、一気に冷静な情勢判断ができなくなる。

典型的なのは、すでに見たメア氏の論であろう。

「〔鳩山政権は〕『東アジア構想』とやらを持ち出しました。そんなことを言い出したら、中国の思う壺だし、中国の都合のいいようにされてしまう。中国に騙されてしまう。国同士の交わりについて知識もなく、センスもない。中国は共産主義国家というよりも独裁国家ですから、実に危険であることがわかっていないのです」

こんな論は、米国国内での然るべき論議の場で出て来ない。中国を厳しく見るはずの米国国防省の『中国の軍事力』でも中国との対話・協調を重視している。しかし、日本のほとんどの人はメア氏のような論に影響されている。

いま、日本人に求められているのは「日本の隣国中国は、経済・軍事両面で米国と肩を並べる大国になる」という事態を直視できるか否かである。そして「米国との協調のみを求めれば日本の繁栄があるという時代は終わった」という事態を直視できるか否かである。

日本は明治時代以降、過去一五〇年間「中国に未来はない」「西洋の文明國と進退を共にし、(中略)正に西洋人が之に接するの風に従て處分す可きのみ」(福沢諭吉「脱亜論」)と思ってきた。そして、その方針はそれなりの成功を収めてきた。一五〇年の歴史の中、この考え方は日本人の中に深く浸透している。

その中で筆者が「中国が大国になる」「米国に依存するだけでは日本の安定と繁栄がある訳でない」「日本は過去一五〇年と異なった戦略を出す必要がある」と力説しても、多分、多くの国民の耳には届かない。

しかし、何人もの論者が繰り返す。排除される。その積み重ねの上に、新たな認識が出る。

かつて、私は米国の情報関係者と「犬死に」を論じた。「国家機関で働く者には犬死にと見られる任務が課せられることがある。その時どう対処すべきか」が筆者の問いである。これに対して米国の情報関係者は次のように述べた。

「ノルマンディへ行け。そして墓標を見ろ。多くの戦士は崖をよじ登った。上から機関銃を撃ってくる。兵士は登るだけが精一杯で撃ち返すことすらできない。ノルマンディはその人たちの墓標である。しかし、犬死にと見られる行為の積み重ねの上に、誰かが登りきった。そして勝利を得た」

この言葉はその後、何となく私の生き方に影響を与えていると思う。この本も、「犬死に」の一つかもしれない。

講談社現代新書の田中浩史氏から、再度執筆の機会をいただいた。心から謝意を表したい。

孫崎　享

二〇一二年二月

講談社現代新書　2149

不愉快《ふゆかい》な現実《げんじつ》——中国《ちゅうごく》の大国化《たいこくか》、米国《べいこく》の戦略転換《せんりゃくてんかん》

二〇一二年三月二〇日第一刷発行　二〇一二年九月二一日第四刷発行

著者　孫崎《まごさき》 享《うける》　

発行者　鈴木 哲

発行所　株式会社講談社

東京都文京区音羽二丁目一二—二一　郵便番号一一二—八〇〇一

電話　出版部　〇三—五三九五—三五二一
販売部　〇三—五三九五—五八一七
業務部　〇三—五三九五—三六一五

装幀者　中島英樹

印刷所　大日本印刷株式会社

製本所　株式会社大進堂

定価はカバーに表示してあります　Printed in Japan

N.D.C.319　274p　18cm
ISBN978-4-06-288149-4

「講談社現代新書」の刊行にあたって

教養は万人が身をもって養い創造すべきものであって、一部の専門家の占有物として、ただ一方的に人々の手もとに配布され伝達されうるものではありません。

しかし、不幸にしてわが国の現状では、教養の重要な養いとなるべき書物は、ほとんど講壇からの天下りや単なる解説に終始し、知識技術を真剣に希求する青少年・学生・一般民衆の根本的な疑問や興味は、けっして十分に答えられ、解きほぐされ、手引きされることがありません。万人の内奥から発した真正の教養への芽ばえが、こうして放置され、むなしく滅びさる運命にゆだねられているのです。

このことは、中・高校だけで教育をおわる人々の成長をはばんでいるだけでなく、大学に進んだり、インテリと目されたりする人々の精神力の健康さえもむしばみ、わが国の文化の実質をまことに脆弱なものにしています。単なる博識以上の根強い思索力・判断力、および確かな技術にささえられた教養を必要とする日本の将来にとって、これは真剣に憂慮されなければならない事態であるといわなければなりません。

わたしたちの「講談社現代新書」は、この事態の克服を意図して計画されたものです。これによってわたしたちは、講壇からの天下りでもなく、単なる解説書でもない、もっぱら万人の魂に生ずる初発的かつ根本的な問題をとらえ、掘り起こし、手引きし、しかも最新の知識への展望を万人に確立させる書物を、新しく世の中に送り出したいと念願しています。

わたしたちは、創業以来民衆を対象とする啓蒙の仕事に専心してきた講談社にとって、これこそもっともふさわしい課題であり、伝統ある出版社としての義務でもあると考えているのです。

一九六四年四月　野間省一

政治・社会

1038 立志・苦学・出世――竹内洋
1145 冤罪はこうして作られる 小田中聰樹
1201 情報操作のトリック 川上和久
1338 〈非婚〉のすすめ――森永卓郎
1365 犯罪学入門――鮎川潤
1488 日本の公安警察――青木理
1540 戦争を記憶する――藤原帰一
1543 日本の軍事システム 江畑謙介
1742 教育と国家――高橋哲哉
1903 裁判員制度の正体――西野喜一
1965 創価学会の研究――玉野和志
1969 若者のための政治マニュアル――山口二郎
1977 天皇陛下の全仕事――山本雅人
1978 思考停止社会――郷原信郎
1985 日米同盟の正体――孫崎享
2038 ガラパゴス化する日本 吉川尚宏
2053 〈中東〉の考え方――酒井啓子
2059 消費税のカラクリ――斎藤貴男
2068 財政危機と社会保障――鈴木亘
2073 リスクに背を向ける日本人――山岸俊男 メアリー・C・ブリントン
2079 認知症と長寿社会――信濃毎日新聞取材班
2093 ウェブ×ソーシャル×アメリカ 池田純一
2094 「認められたい」の正体 山竹伸二
2110 原発報道とメディア――武田徹
2112 原発社会からの離脱 宮台真司 飯田哲也
2115 国力とは何か――中野剛志
2117 未曾有と想定外――畑村洋太郎
2123 中国社会の見えない掟 加藤隆則
2130 ケインズとハイエク 松原隆一郎
2135 弱者の居場所がない社会 阿部彩
2136 大震災後の社会学――遠藤薫 編著
2138 超高齢社会の基礎知識 鈴木隆雄
2139 日本の国防――久江雅彦
2140 クラウドの未来――小池良次
2141 「上から目線」の時代 冷泉彰彦
2142 生きる希望を忘れた若者たち――鈴木弘輝
2145 電力改革――橘川武郎
2149 不愉快な現実――孫崎享

経済・ビジネス

世界の言語・文化・地理

368 地図の歴史(世界篇) 織田武雄
614 朝鮮語のすすめ――渡辺吉鎔 鈴木孝夫
958 英語の歴史――中尾俊夫
987 はじめての中国語――相原茂
1073 はじめてのドイツ語 福本義憲
1111 ヴェネツィア――陣内秀信
1183 はじめてのスペイン語 東谷穎人
1253 アメリカ南部 ジェームス・M・バーダマン 森本豊富 訳
1353 はじめてのラテン語 大西英文
1386 キリスト教英語の常識――石黒マリーローズ
1396 はじめてのイタリア語 郡史郎
1402 英語の名句・名言 ピーター・ミルワード 別宮貞徳 訳
1446 南イタリアへ!――陣内秀信
1701 はじめての言語学 黒田龍之助
1753 中国語はおもしろい 新井一二三
1801 性愛奥義――植島啓司
1905 甲骨文字の読み方――落合淳思
1949 見えないアメリカ――渡辺将人
1959 世界の言語入門――黒田龍之助
1991 「幽霊屋敷」の文化史 加藤耕一
1994 マンダラの謎を解く 武澤秀一
2052 なぜフランスでは子どもが増えるのか 中島さおり
2081 はじめてのポルトガル語 浜岡究
2086 英語と日本語のあいだ 菅原克也
2104 国際共通語としての英語――鳥飼玖美子
2107 野生哲学――管啓次郎 小池桂一
2108 現代中国「解体」新書――梁過

日本語・日本文化

105 タテ社会の人間関係 中根千枝
293 日本人の意識構造——会田雄次
444 出雲神話——松前健
1193 漢字の字源——阿辻哲次
1200 外国語としての日本語——佐々木瑞枝
1239 武士道とエロス——氏家幹人
1262 「世間」とは何か——阿部謹也
1384 マンガと「戦争」——夏目房之介
1432 江戸の性風俗——氏家幹人
1448 日本人のしつけは衰退したか——広田照幸
1738 大人のための文章教室 清水義範
1889 なぜ日本人は劣化したか——香山リカ

1943 なぜ日本人は学ばなくなったのか——齋藤孝
2006 「空気」と「世間」——鴻上尚史
2007 落語論——堀井憲一郎
2013 日本語という外国語 荒川洋平
2033 新編 日本語誤用・慣用小辞典 国広哲弥
2034 性的なことば——井上章一 斎藤光 澁谷知美 三橋順子 編
2067 日本料理の贅沢——神田裕行
2088 温泉をよむ——日本温泉文化研究会
2092 新書 沖縄読本——下川裕治 仲村清司 著・編
2126 日本を滅ぼす〈世間の良識〉——森巣博
2127 ラーメンと愛国——速水健朗
2133 つながる読書術——日垣隆
2137 マンガの遺伝子——斎藤宣彦